U0484760

[美] 博恩·崔西（Brian Tracy） 著

王琰 译

销售制胜

在自己的领域掌握销售的核心技能

SALES SUCCESS

中国科学技术出版社

·北 京·

图书在版编目（CIP）数据

销售制胜 /（美）博恩·崔西著；王琰译 .—北京：中国科学技术出版社，2022.5

书名原文：SALES SUCCESS

ISBN 978-7-5046-9565-9

Ⅰ. ①销… Ⅱ. ①博… ②王… Ⅲ. ①销售－方法 Ⅳ. ①F713.3

中国版本图书馆 CIP 数据核字（2022）第 121729 号

策划编辑	杜凡如　龙凤鸣	**责任编辑**	龙凤鸣
封面设计	马筱琨	**版式设计**	蚂蚁设计
责任校对	焦　宁	**责任印制**	李晓霖

出　　版	中国科学技术出版社
发　　行	中国科学技术出版社有限公司发行部
地　　址	北京市海淀区中关村南大街 16 号
邮　　编	100081
发行电话	010-62173865
传　　真	010-62173081
网　　址	http://www.cspbooks.com.cn

开　　本	787mm × 1092mm　1/32
字　　数	66 千字
印　　张	5.75
版　　次	2022 年 5 月第 1 版
印　　次	2022 年 5 月第 1 次印刷
印　　刷	北京盛通印刷股份有限公司
书　　号	ISBN 978-7-5046-9565-9/F · 1022
定　　价	59.00 元

前言

PREFACE

自10岁起，我就开始涉足销售行业。那年夏天，为了赚钱参加夏令营，我卖了一段时间的罗萨梅尔美容皂。从那时起，我不断地学习、阅读，努力了解更多有关销售的知识，因为我和你一样，都想成为一名成功的销售人员。

涉足销售行业之初，我就开始反思：为什么有些销售人员比其他销售人员更成功？

为什么有些销售人员可以更快、更轻松地赚更多的钱？为什么他们的业绩更高？为什么他们可以获得更丰厚的物质回报（如车子、房子、高档衣服）

和更大的职业成就感？而大多数销售人员却业绩不佳且表现平平？

首要原则——二八定律

二八定律，即人们俗称的帕累托法则（Pareto's principle）。二八定律表明：80%的销售额由20%的销售人员创造。这意味着余下20%的销售额由80%的销售人员完成。知晓这一定律后，我随即决定将尽己所能成为前20%的销售人员，最终我真的做到了。

几年前，一家拥有数千名销售人员的大型保险公司决定，根据该保险公司业绩来验证二八定律的真实性。随后，该保险公司统计了所有销售人员的个人销售数据和收入数据，结果表明该保险公司

80%的业绩确实由20%的销售人员完成，从而验证了二八定律的真实性。该保险公司的管理层在研究二八定律对销售人员年收入的影响时发现，前20%收入较高的销售人员的平均收入是其他销售人员平均收入的16倍。难道这真的意味着前20%收入较高的销售人员比其他销售人员在业绩、智商、能力等方面高出16倍?

答案很明显，收入排名在前20%的销售人员并不比其他销售人员优秀或聪明16倍，只是他们在某些方面略微优秀，但长此以往，收入差距逐渐变大。

前20%中的前20%

该保险公司还研究了收入排名在前4%的销售人

员（即收入排名在前20%中的前20%的销售人员），并将他们的收入和业绩与收入排名在后80%的销售人员进行比较。结果表明：收入排名在前4%的销售人员的平均收入是收入排名在后80%销售人员的32倍。该保险公司又做了进一步的研究，将收入排名在前0.8%的销售人员（即收入排名在前4%的前20%）的收入和收入排名在后80%销售人员进行对比发现，前者的平均收入是后者的50倍以上。

在任何城市或大型公司中，假如在同样的竞争条件下，以相同的价格向同一位顾客出售相同的产品，顶尖销售人员一个人就可以完成同公司50位甚至更多的全职销售人员的业绩总额。如果普通销售人员（尤其是只领佣金的销售人员）的年收入为3万~4万美元，那么该行业中前10%的高收入销售

人员的年收入将会超过80万美元，部分销售人员的年收入甚至可达上百万美元。

各行业中的销售人员的业绩和收入差距较大，销售人员的目标是跻身于该行业收入排名的前20%。无论市场行情如何，收入排名在前20%的销售人员依旧业绩斐然，生活条件优渥。这些人不缺机会，颇受欢迎，也能最大限度地享受工作。

为何销售人员的业绩差异如此巨大？本书将帮你找到答案。

培养制胜优势

20世纪，关于绩效的研究表明，在不同行业中，顶尖人才仅在某些关键方面略胜于同行。

这种细微的优势就是“制胜优势”。各行业的顶尖人才都掌握了自己领域的制胜优势，因此他们才能表现出色，业绩不凡。

我喜欢将销售比作赛马。在赛马比赛中，马鼻子最先碰到终点线即为冠军。冠军赛马的奖金是亚军赛马的 10 倍，难道这说明获得冠军赛马比获得亚军赛马厉害 10 倍？前者的速度是后者的 10 倍？答案是否定的。冠军赛马只是比亚军赛马快了一个马鼻子的距离，在终点判读图像上也许两者只相差 3 英寸（约 7.62 厘米）。

销售人员若完成了公司的业绩指标，即算完成了全部的工作任务，则会获得 100% 的佣金。完成业绩指标的销售人员真的就比未完成业绩指标的销售人员好两倍吗？大多数情况下，业绩最佳和业绩

最差的销售人员之间差异甚微，前者只是在技能和方法上略胜一筹。

倘若销售同一款产品，创造 25 万美元年销售额的销售人员并不比年销售额为 25000 美元的同事聪明 10 倍，或者能力强 10 倍，也未必在工作上多付出了 10 倍的努力。

智商并非决定因素

在几年前的一项研究中，研究人员随机在美国纽约选择了 1000 名成年人作为研究对象，测试他们的智商。结果发现，智商最高的人的智商值是智商最低的人的 2.5 倍。但这 1000 名研究对象中收入最高的人并不是智商最高的人，收入最高者的收入是

收入最低者的100倍以上。结论很明显：成功的决定因素并非天赋和能力。每个人都有销售的天赋和能力，但其成功取决于他如何利用天赋和能力。

人际效能的魅力

人们对顶尖销售人员的思维方式和行为方式做了大量的研究和分析，结果表明：收入最高的销售人员可以轻易地和众多不同的客户建立友好关系。他们能和客户在销售初期建立融洽的关系，并在此后的销售中建立高度信任的关系。实际上，一次销售活动的成功，销售人员的个性因素占80%以上。

人际效能建立在销售人员的自我认知和自尊的基础上，这比任何因素都重要。自尊与成功销售之

间似乎有直接的关系，欣赏和尊重自己的销售人员懂得如何欣赏和尊重客户；反之，客户也会愿意欣赏和尊重销售人员，从而愿意购买其销售的产品，同时也愿意接受销售人员给出的建议。

胜利感

心理学家使用“绩效自尊”这一术语来解释自尊与人的工作表现之间的关系。结论很简单：越欣赏自己的人，工作表现会越好；反之，工作表现越好的人，也会越欣赏自己。自尊和人的工作表现相辅相成。越是自我欣赏，你会变得越好；越成功，你越觉得自己是“赢家”；你越喜欢享受胜利感，越会努力工作；你拜访的客户越多，获得业绩越好。

本书后面的章节将介绍销售的一系列方法、技巧、策略，对你大幅度提高业绩很有帮助。业绩的提高会让你更加欣赏和尊重自己，进而会继续提高业绩。由此，你的业绩将呈螺旋式上升，个人能力也将显著提升，走向事业的顶峰。让我们从第一章开始吧！

ALES SUCCESS

目录

CONTENTS

销售制胜
SALES SUCCESS

第一章

提高基本技能

文斯·隆巴迪（Vince Lombardi）曾任职于纽约巨人队（New York Giants），后转到威斯康星州的绿湾包装工队（Green Bay Packers）担任总教练。此前几年，绿湾包装工队的赛绩一直不佳。

当文斯·隆巴迪被问到有哪些调整或用什么不同的执教方式让自己的球队闯入冠军争夺战时，他说了那句名言："我们不会做任何花哨的事情，只想在职业橄榄球大联盟（National Football League，NFL）的比赛中把发球、跑动、传球、接球等基本功做到最好。”他接着说：“我们将会高效顺畅地完成每场比赛，即便对手球队看出了我们的策略，也无法阻止我们。”

销售人员首先要明白，成功销售需要哪些基本技能，进而练就过硬的基本功。

成功销售的基本技能

销售效益由七大关键结果领域决定。用 1~10 分（由低到高）的标准，给自己在以下七大关键结果领域的能力打分。任何一个关键结果领域的能力不足都足以导致销售人员无法发挥全部的销售潜力。

实际上，销售人员最弱的基本技能决定了销售的业绩和收入的多少。有时，销售人员只需要在最弱的基本技能上稍有提高就可大幅提高业绩。

成功销售的七大关键结果领域具体如下。

（1）寻找潜在客户

销售人员寻找更多更好的潜在客户，并多和他们相处。

（2）与客户建立融洽互信的关系

销售人员花时间去了解潜在客户，与其产生共情，赢得青睐和信任，客户便愿意与销售人员讨论自己的需求和问题。

（3）找准客户需求

销售人员通过向客户询问条理清晰的结构化问题，找到客户的实际问题和需求与产品之间的契合点。

（4）向客户展示产品

销售人员向客户介绍产品的总体情况和细节，让客户进行综合考虑，明白本产品是最佳选择。

（5）回应客户的质疑

销售人员要消除客户关于产品价格和功能的合理质疑，并向其提供合乎逻辑的结论性答案。

（6）与客户达成交易，签署订单或合同

客户从销售跟进中获得满意的结果，与销售人员达成交易并签署订单或合同。

（7）吸引客户回购或向其朋友推荐

为客户提供出色的售后服务，赢得客户的满意，从而吸引客户回购或向其朋友推荐该产品。

将上述各项打分，算出总分并求平均分，即可得出销售人员目前的销售效益系数。如果平均分小于5，那么销售人员目前的业绩可能令人不满意。此外，得分最低的关键结果领域是阻碍销售人员取得良好业绩的关键因素。

旧销售模式

顶尖销售人员几乎都使用所谓的“新销售模式”。新销售模式与旧销售模式截然不同，但目前仍有许多公司对销售人员进行旧销售模式培训，许多销售人员也使用旧销售模式。旧销售模式包含 4 个步骤，具体如下。

第一步（约占销售过程 10%）始于接触，即首次接洽。销售人员见到客户后，说一些“嗨，您好吗？”之类的寒暄语，继而闲聊诸如最新的橄榄球比赛或电视节目等话题，随后再转入与产品相关的内容。

第二步是销售人员快速衡量客户是否有能力购买所售的产品。销售人员在展示产品前，巧妙地了解客户的购买能力，确保客户会使用此产品且能够买得起。

第三步是销售人员用最恰当的方式向客户进行产品展示，介绍产品的具体构成，努力让客户购买。销售人员应尽可能多地介绍产品的好处，用一系列巧妙的问题和回答来回应客户的质疑。

第四步是销售人员与客户达成交易，这一步占销售过程的 40%。一般情况下，销售效益几乎完全取决于销售人员使用哪几种方法达成交易的能力。

新客户，新方法——新销售模式

如今，旧销售模式已经完全失效。客户拥有的知识和精明程度也与时俱进，成功的销售人员（收入排名在前 20% 的销售人员）已经学会用客户喜欢的方式向客户出售产品。

新销售模式呈倒金字塔结构，重要的部分在塔尖，细节在底部。新销售模式分为 4 个步骤。

第一步是销售人员与客户建立信任，这一步占销售过程的 40%。因为信任是客户做出购买决定的决定性因素，也是各种人际关系中最重要的因素。

第二步是销售人员找准客户需求，这一步占销售过程的 30%。销售人员在与客户谈论产品之前，要事先准备好一些向客户询问的结构化问题，以便充分了解客户的需求。

第三步是销售人员根据客户需求进行产品展示，这一步占销售过程的 20%。在第二步中，销售人员已经清楚地了解了客户的需求，然后销售人员可以向客户介绍所售产品能够满足哪些具体需求。

第四步是销售人员请求客户确认自己提供的产品就是客户所需要和想要的，并让客户做出购买决定，立即采取行动，这一步占销售过程的10%。投入越多的精力来与客户建立信任，销售人员就越容易有效地展示产品，成功销售产品的可能性就越大。

关系销售

新销售模式基于所谓的“关系销售”。如今，成功销售的关键是销售人员与客户建立高质量的专业的业务关系，这就要求销售人员取得客户的高度信任，在客户心中树立良好的信誉，找准客户的需求，并向客户展示产品，介绍可以满足客户的哪些需求，最终鼓励客户做出购买决定，达成交易。

在本书后面，我将详细介绍关系销售。本书将多次谈到两个重要性：建立可靠关系的重要性和提高基本技能的重要性。销售人员若想成为行业内最出色的销售人员，进入行业收入排名的前 20% 甚至是前 10%，关键是要知道成为顶尖销售人员所必须具有的核心能力，明确如何锤炼自己，从而提高自己七大关键结果领域的能力。

实践练习

1. 按照 1~10 分的标准，对七大关键结果领域的能力进行自我评分，明确自己最强和最弱的关键结果领域的能力。

2. 找出一项自己最弱的基本技能，然后每天努力提高这项基本技能。

第二章

保持热情

二八定律也可用于成交。销售人员能否与客户达成交易几乎完全取决于自己的态度、性格和积极程度。

业界普遍认为销售过程的关键变量是热情的传递。销售人员对产品的优点和价值抱有热情和信念，并将此传递给客户，客户就会产生消费行为。销售过程就像是电路连接，当销售人员将热情和信念成功地传递给客户时，交易便可达成。

热情是销售人员与客户建立良好关系并达成交

易的关键。销售人员只有对自己、对产品、对公司充满热情，才能将热情传递给别人。像健康的身体一样，热情也是需要培养的，没有人天生就对某样东西抱有热情。

保持旺盛的精力

销售人员可以每天通过各种方法激发自己销售的热情和能量，并将这种热情和能量维持在较高水平，也就是保持旺盛的精力。

保持积极的期待

积极的期待是重要的激励因素之一。销售人员的期待决定了自己的态度，而态度又决定了销售人员如何对待客户，以及客户的回应。

销售人员不断期待取得良好的表现，从而能够培养一种乐观积极的态度。销售人员期待与自己交谈的每个人都能成为客户，期待客户接纳自己，期待客户欢迎自己进行产品展示，从而相信自己有能力成为行业的顶尖销售人才。

积极进行自我对话

销售人员要始终以积极的方式和自己对话。人通常95%的情绪取决于自我对话方式。成功人士都有一种习惯，就是有意识地用积极的自我对话充实自己的思想，这些积极的自我对话通常是销售人员希望被认识的方式，或是想要实现的目标。

成功的销售人员热爱自己的工作，信任自己的产品。他们忠于公司和客户。因此，他们通过反复对自己说“我爱我的工作！我爱我的工作！我爱我的工作！”来不断维护自己对公司和客户的承诺。

练习积极的想象

销售人员要不断地在脑海中勾勒一幅画面，画面展现了自己想成为的人、想做的事，即“所见即所得。”

内心演练是体育和销售行业的一种实用的工具，人们定期进行内心演练可以让自己整天保持积极乐观的状态，进而呈现出最佳表现。当进行内心演练时，销售人员可以闭上眼睛，想象一个清晰的画面：

成了最好的自己，销售效率也提高到了超乎想象的水平。每当此画面在脑海中重现时，销售人员的潜意识会将其视为命令。在实际的销售过程中，潜意识会赋予销售人员能量、热情、积极的态度，与脑海中的画面保持一致。这种内心演练是帮助销售人员取得成功最有效的方法。

汲取积极的精神食粮

众所周知，如果一个人食用健康营养的食物，他的身体里就可以积攒很多能量，一整天都能保持良好的状态。同样地，如果一个人汲取积极的精神食粮充实自己的思想，那么可以保持一整天思绪清晰，自信满满。

销售人员若想改善心态，提高自信，迅速进入所在行业收入排名的前20%，可以遵循下列3条建议。

（1）每天阅读30~60分钟

读书之于心灵，犹如运动之于身体。销售人员可以挑选自己认为最好的销售图书，每天晨读30~60分钟，仔细研究他人总结的最好的销售方法、策略和技巧，也可以阅读有关销售的时事新闻和杂志30~60分钟。

（2）收听教育光盘和有声读物

在开车赴约的途中，销售人员可以收听相关信息，将汽车变成“车轮上的教室”。正如国际、知名演说家金克拉（Zig Ziglar）所说：“在以后的职业生涯中，我们都是‘汽车大学’的全职学生。”

（3）参加研讨会

销售人员从即日起，下决心每年参加 4 次研讨会，或者每三个月参加一次。参会时销售人员要坐在前排，仔细记笔记。除了与导师或演讲者交流并提出问题。销售人员还要抽时间与其他与会人员进行交流，询问他们在研讨会上学到的知识。

研讨会结束后的一个月内，销售人员应每周认真地复习一遍笔记，不断地思考如何将笔记上的知识转化为具体行动，把参加研讨会变为职业生涯中丰富而有意义的体验。

与积极的人交往

你所交往的人会对你的想法和情绪产生很大的

影响，因此，下定决心避开失败者，和那些在职业生涯中有所成就的积极的人交往。正如金克拉所言：“如果你想与雄鹰一起翱翔，就不要与火鸡为伍。”

我的一位学生告诉我，他是如何从初级销售人员成长为顶尖销售人员的。当他担任初级销售人员时，经常和其他初级销售人员在一起。他们大部分时间都在办公室里翻名片，讨论打算做什么。

但他发现高级销售人员很少待在办公室里，当这些高级销售人员在办公室时，他们不是在忙着打电话，就是在准备产品展示的相关资料。于是我的这位学生做了一些事情，改变了自己的命运。他所做的就是向一位高级销售人员请教关于时间管理的建议。

由于这样的做法实属罕见，这位高级销售人员对他的请求感到十分诧异，但仍向他分享了自己每天如何安排时间。我的这位学生就完全按照这位高级销售人员的做法来安排自己的时间。经过一周的时间，他发现自己的销售效率和业绩正在逐步提高。

随后，他开始向其他高级销售人员请教，应该听什么节目，读什么书，在销售过程中说些什么等。高级销售人员在方方面面都给他提供了一些帮助。毫不意外，6 个月后，他也成了高级销售人员。如今，他经常与公司的高层人员交流，定期参加聚会，一起讨论提高销售业绩的方法。一年之内，他成了公司最出色的一批销售人员之一，此后不断在销售行业前行。

成为行业专家

销售人员应仔细研究自己的产品，仔细研究产品手册的每页内容。销售人员应对产品烂熟于心，即便遗失所有的销售资料，也能够依靠记忆演示所销售的产品。

销售人员应研究自己所处的公司和所属行业。销售人员要了解竞争对手，了解他们所销售的产品，进而了解自己产品的特色和优点。销售人员越了解产品、竞争对手和整个市场，就越有信心，就越能赢得客户的更多尊重和信任。

严肃对待工作

请记住，销售人员也是专业人员，属于销售行业的一员。销售人员如果晋升为行业的佼佼者，就会获得比拥有高学历且工作经验丰富的诸如医生、建筑师、工程师等更丰厚的报酬。

顶尖销售人员投入了大量时间紧跟销售行业最新的发展潮流。他们认真对待工作，决心超越竞争对手，希望被称为行业的佼佼者。最重要的是，顶尖销售人员有出色完成工作的决心，每天和每周都能不断地进步，做得越来越好。因此，你也应该这样做。

实践练习

1. 从今天起，将个人发展作为自己一生的习惯。开始收集与销售有关的图书，并下决心每天阅读30~60分钟，直至自己销售生涯结束。

2. 对自己说："我喜欢我自己，我爱我的工作。"每天早上做的第一件事，或者遇到任何令自己感到失望或受到挫折时，都对自己重复说这句话。

第三章

自我管理技巧——内心游戏

销售人员若想跻身行业收入排名的前20%、前10%、前5%，甚至前1%，想要赚大钱，就需要占尽各方优势。当今世界，任何行业的销售工作，竞争都日趋激烈，且未来会更加激烈。面对如此激烈的竞争，销售人员应当志在必得。

我认为，成功最关键的因素是清晰的思维，拥有清晰的思维才能在生活和工作中取得想要的成功和成就。

有些人更为成功的首要原因是他们更清楚自己

是谁，想要什么，如何实现自己的目标。清晰的思维需要大量的思考和反思。正如托马斯·爱迪生（Thomas Edison）所说："思考是世界上最困难的事，这也是为什么大多数人不愿意思考。"

为自己设定远大的目标

销售人员要为自己设定明确的月收入和年收入目标。每个月想赚多少钱？每年想赚多少钱？设定这些目标之后，所做的一切工作都应该围绕实现或超越这些目标。

我有一名做销售的学生，尽管她已经相当成功，但依然给自己设定了一个目标：一年内年收入翻倍。此后，她开始尝试一切可以促成交易和收入翻倍的事情。她的一位朋友建议，最简单的方法是将自己每笔交易的交易额扩大一倍。

她从未想过可以这么做。她开始评估哪些客户能够比目前已成交的客户购买更多的产品。在接下来的时间，为了便于更频繁地向大客户和优质客户销售更多的产品，她重新调整了销售流程。截至当年年底，她的平均销售额是年初的两倍。虽然她并未增加工作时间，订单数量也没有增长，但每笔订单的销售额都是之前的两倍。

了解成交的比例

销售人员一旦设定了销售和收入目标，就必须决定采取哪些具体的销售活动来实现目标。

销售行业的重大发现表明：虽然销售人员无法控制销售的时间和地点，但可以完全控制自己的销售行为。这一发现对于销售人员的有利方面是销售人员可以通过控制销售活动，间接地控制销售结果。

成功销售的 3 个关键步骤是：发现潜在客户、展示产品、成交。

首先，为了完成既定的销售目标，销售人员要计划好每天、每周必须与多少个新客户联系、交谈。成为专业销售人员的第一步就是准确记录每天、每周的通话数量。

然后，找准客户后，记录向客户产品展示和面对面交流的次数。例如，给 20 个客户打了电话，获得 5 个面对面交流的机会（这种比例在竞争激烈的市场中实属正常）。

最后，跟进客户、达成交易并持续追踪。销售人员每打 20 个电话可能获得 5 次面对面交流的机会，5 次产品展示能够获得两个潜在客户进入下一环节。一般情况下，两个客户中最终只有一位成交。

由此可知，成交的比例是 20 ∶ 5 ∶ 2 ∶ 1。销售人员必须先打 20 个电话，才能最终获得一笔交易。

计算自己所有业绩的平均成交额及每笔业绩的个人佣金或收入。得到这些数据后，就可以准确地设定自己的目标。因此，下一步的策略是：首先寻找足够多的潜在客户，不断地用新客户填满自己的“营销漏斗”；然后，下定决心提高自己的能力，在寻找潜在客户、展示产品、成交的各个关键步骤都取得进步。快速地筛选客户，拜访优质的潜在客户。优化产品展示并提高展示效率。跟进客户，达成交易。提高每个关键步骤成功的比例。

设定优先顺序

自我管理的核心是设定优先顺序的能力和执行程度。设定优先顺序也可遵循二八定律，牢记80%的工作成果来自20%的工作。多关注如何最有效地使用时间。

如果思维清晰是个人成功的第一要素，那么专注就是个人成功的第二要素。坚定地以结果为导向，而不是以行为为导向。专注于想要实现的目标，尤其是核心目标。

培养紧迫感，贵在行动。紧迫感是各行各业都必备的素质之一。高级销售人员都有紧迫感。只要有想法，找准机会，他们就会立刻行动。有时，几分钟就决定了一笔大买卖是否能够成交。

不断反思："老板为什么要付我工资？"

老板付你工资，是因为你能促成交易。销售人员的工作是寻找客户、展示产品、达成交易，整日都为成交而努力着。销售人员要不断地自问："我这么做能促成交易吗？"

作为销售人员，如果所做的事情并不能促成交易，请立即停止，转做可以促成交易的事情，而不仅仅是缓解紧张情绪。若将自己比作一家销售公司，那么销售人员就是这家公司的总裁。

销售人员要对自己的职业生涯负责，对自己的一切行为负责，对达成的交易负责。避免陷入业绩不佳的销售怪圈——说的多做的少。

实践练习

1. 从今天起准确记录自己的销售活动。记录：每天打多少个电话？与多少位客户碰面？每天或每周达成了几笔交易？每笔交易能赚多少钱？

2. 在工作中分清主次。不断地反思：如何才能最有效地利用时间？

第四章

自我管理技能——外部博弈

在各行各业中，收入最高的销售人员都有一套自己的习惯、规矩和活动。生活中重要的规则之一是：如果能够模仿成功人士的做法，将很快获得和他们一样的成果和回报。

在这里提个建议，就是初涉任何行业时，想要成功就要试着学习和模仿该领域成功人士的做法。这一建议不仅在体育、娱乐等领域适用，在商业领域更为适用。一旦掌握了相关的基本技能，取得了较大的成功和收入后，销售人员就可以开始创新和发展自己的销售方法和技巧，但在最开始时要学习和模仿成功人士的做法。

尽早行动

销售人员应该首先养成早起、提前上班的习惯。美国近期针对最高收入群体的一项研究发现：除了极少数情况外，高收入者一般在早上六点前起床。这些人每天遵循一些固定的习惯，例如锻炼、冥想，或者阅读具有教育意义的书或励志文章；穿着得体；在纸上列出一天的工作计划，以及提前上班等。

销售人员普遍遵循的一条原则是：尽量将每天的第一次会面安排在上午八点或八点之前。许多高级销售人员邀请忙碌的客户一起吃早餐，将地点设在客户办公室附近的餐厅或咖啡馆。由于很少有人邀约共享早餐，因此大多数客户都会接受邀请。早上 60 分钟的面聊可以为建立长期的业务关系奠定基础。

每天工作的有效时长

1928 年的若干研究发现：销售人员平均每天仅工作约 90 分钟，其余的时间用于热身环节、准备资料、与同事聊天、处理邮件、阅读报纸、喝咖啡等许多杂事。当一天结束时，销售人员平均在工作上只花了约 90 分钟的时间。

增加面谈时间

销售人员只有在与客户面对面交流时才算是在工作，我们称之为面谈时间。只有与客户面对面时，销售人员才有机会促成交易。销售人员的工作是促成交易，因此当销售人员没有与客户直接交流时，工作就无法开展。

想收入翻倍吗？方法很简单：把与客户面对面交流的时间翻倍。利用自己的时间管理技巧和个人组织技能，与有购买能力的人多进行面对面的交流。如果销售人员可以将与客户进行面对面交流的时间加倍，一般来说销售额也会增加一倍，收入也会随之翻倍。

卖出更多的产品

有时，我问销售人员一个问题："你早上为什么起床？"经过一番思考，他们认为早上起床是为了去上班赚钱。我将此称为"销售活动的 3M（MMM，make more money）理论"。早上起床上班是为了赚更多的钱。

那么，销售人员如何赚更多的钱？答案是卖出更多的产品（SMS，sell more stuff）。

如果要给销售人员的工作下个定义，那就是通过销售更多的产品来赚更多的钱。按照这个定义，销售人员只有在销售更多的产品时才处于工作状态。销售更多产品的 3 个步骤是什么呢？答案是寻找潜在客户、展示产品、成交。

根据上述定义，销售人员只有处于寻找客户、展示产品、成交时的状态才算工作状态。销售人员只有在与有购买能力且在合适的时间购买产品的客户面对面交流时，才处于工作状态。相比之下，一天中做其他事情的时间就是浪费时间，因此应该尽量少做。

分秒必争

充分利用每分钟时间。每个行业的顶尖人员都以分钟来计算时间，而不是用小时或半小时。以小时、天甚至周来计算时间的人，通常收入不高，也不会成功。

充分利用每一分钟，特别是在客户有空的“外部黄金时间”，做到分秒必争，以 10 分钟为步长分配时间。如果能用好每一分钟，自然也能用好每一小时。

集中精力

如果成功的第一要素是思路清晰，第二要素是专注，那么第三要素是集中精力。销售人员要绝对清楚自己在做什么，并专注于此，集中精力，直至实现目标。如果销售人员可以将这3种要素养成习惯，未来一年可以完成许多人5年甚至10年的业绩。

避免分心

如今，大多数销售人员面临注意力分散的困扰。他们沉迷于智能手机、平板电脑、邮件和电话，因此在寻找客户、展示产品、成交的销售工作中，无法集中注意力。由于受到社交媒体等干扰，销售人员不断地错过机会。

在如今的高科技时代流传着一条简单的成功定律：抛开电子产品。更有甚者，关掉一切电子设备。把智能手机调至静音模式，早上不要处理邮件，每天仅查看两次邮箱，不要让科技控制自己的生活，毁掉自己的未来。打开手机，将其用于通信工具，关掉其他功能，放在一旁。

加倍努力

下决心做到每天加倍努力，做到超出别人的预期，甚至超出自己的预期！下决心比公司内外的竞争对手要更努力地工作！销售人员要克服一切障碍，超出客户的预期！

即使成交的希望渺茫，也要进行第二次努力。再次引用文斯·隆巴迪的名言："如果您在一天结束时感到疲倦和沮丧，请进行第二次尝试，再试一次。"很多时候，再尝试一次，再打一个电话，再问一个问题，或许可以扭转整个局面。

当我还是一名年轻的销售员时，我就明白：最大的订单往往是在漫长的一天结束时，在最长的街道尽头拜访最后一位客户后成交的。

我的经历一次又一次地验证了这条真理。

保持健康

成功重要的外在因素是精心保持自己的健康。吃健康的食物以补充体力和精力。避免 3 种白色"毒药”：盐、糖和面食。这 3 种食物会消耗精力，降低热情和损耗销售能力。相反，多吃高蛋白食物，可以为肌肉和大脑提供养分，使销售人员呈现出较好的状态。

注意外表形象

穿着得体大方，让自己在各个方面都看起来像是赢家。在销售人员给他人留下的第一印象中，有 95％取决于衣着。即使天气炎热，身体的裸露程度不超过 5%。面容、发型和仪态对塑造自信和可信形象至关重要。

观察你所在行业中收入最高的人，模仿他们的打扮和衣着。

保持身体健康

人每周需要运动 200 分钟左右，才能保持身材苗条。这并不是说需要备战奥运会式的运动，只是需要每天散步半小时或进行一些稍微剧烈的运动。

早晨起床后的 30~60 分钟是最佳的锻炼时间。当早晨运动时，心脏可以向大脑输送新鲜的血液，使人一整天都可以更加机敏和富有创造力。

成功销售的另一个重要因素是精力充沛。精力充沛既是成功公开演讲的最重要因素，也是成功销售的重要因素。

保证睡眠

具体规则如下：如果每周要工作 5 天，那么 5 天都要早睡。只有每天保证 7~8 小时或更长时间的睡眠，身体才能得到充分的休息，销售人员在一天的工作中才会打出高质量的推销电话。

实践练习

1. 下定决心充分利用每一分钟。计算每小时的工资，训练自己只做那些能带来理想收入的工作。

2. 从本章中列举的所有习惯中，选择一条最能提高自己销售效率的习惯。从今天起开始培养这种习惯，并坚持练习 21 天，直到它固化为一种无意识的轻松的习惯。

第五章

掌握完备的产品知识

销售人员的产品知识水平是获取信任，增强信心，提高销售能力的基础。没有广博翔实的产品知识，便不可能取得销售的成功。顶尖销售人员对自己的产品了解得非常透彻，即使没有销售资料或宣传册也可以详细地介绍产品。

销售人员要确保能够清楚明白地回答任何人提出的关于产品的任何问题。

对产品了解得越透彻，越能了解自己的产品能给客户的生活或工作带来哪些改善，越能清晰明了地回答客户对产品的任何疑问和担忧。对自己产品的优点和缺点越是了如指掌，对其价值越能抱有坚定的信念，越能提高自己的信誉。

了解顾客

销售人员透彻地了解产品、掌握产品知识之后，下一步便是了解客户。与其尝试致电或推销给所有客户，不如仔细思考自己的产品最适合哪些客户。

在开始销售之前，必须明确以下 3 点信息。

（1）人口统计学特征

描述自己理想的、最适合的客户的人口统计学特征，包括年龄、学历、职业、家庭结构等，以及对产品的了解情况。在美国，每年有 80 亿美元被用于市场调研，这些调研也基本包括这些基本问题。想成为销售行业中的佼佼者，在接触客户之前，必须先了解客户的描述性特征或人口统计学特征。这样一来，在与客户对话的初期，销售人员就可以明显地将有效的客户与无效的客户区分开。

（2）心理学特征

销售心理学是当今销售行业最大的突破，它是指客户的内心想法。客户的恐惧、希望、欲望、抱负是什么？自己的产品能解决客户在心理方面的哪些需求？能满足什么类型心理需求？能帮助客户实现什么目标？归结为一点就是：能解决客户存在的哪些问题或痛苦，客户才会为自己的产品买单？

（3）人种志特征

这是销售行业的新领域，并且逐渐成为重要的领域之一。它是指客户何时、如何使用自己的产品。自己的产品在客户的生活或工作中扮演什么角色？通过向客户展示自己的产品能够完美地融入其生活和工作中，来展示产品的吸引力，激发客户购买产品。

找出竞争对手

销售人员还需要掌握与竞争对手有关的产品知识。因此，销售人员要不断思考竞争对手是谁，并找出竞争对手。

谁销售的产品能够对自己的产品构成竞争？谁是主要的竞争对手？谁是次要竞争对手？

请记住，每位客户的资金都是有限的，每件产品的销售意图都是让客户用其有限的资金购买产品。

因此，客户所有的替代产品都对自己的产品构成竞争。最终，客户会将他有限的资金用于购买自己想要的且对自己重要的产品，而非其他类似的竞争产品。因此，销售人员需要汇总各方因素，考虑如何对产品进行报价，如何将产品塑造成客户的最佳选择。

从顾客的角度考虑

在研究竞争对手时，销售人员也要考虑："为什么客户从竞争对手那里购买产品？"竞争对手的产品有什么优势？自己又该如何弥补客户认可的优势？如何定位自己的产品，才能在竞争中成为客户的最优选择？

销售人员对上述问题不断地进行反思和总结，

用总结的结论找准新客户，打消他们从竞争对手那里购买产品的欲望。长此以往，销售人员才能取得非凡的销售业绩，成为顶尖销售人员。

实践练习

1. 总结出客户购买和使用自己的产品后，可以获得的 3 个重要的好处、结果或效果。

2. 总结出产品的理想客户具有的 3 个重要的品质或特征。

第六章

分析竞争对手

我国春秋时期著名的军事家孙武在《孙子兵法》中提到："知彼知己者，百战不殆；不知彼而知己，一胜一负；不知彼不知己，每战必殆。"

竞争对手的策略很简单。他们每天都在思考，如何使你失业，让生产竞争产品的公司破产。他们不断地思考如何将你的客户撬走，成为自己的终身客户。他们也会定期讨论，制定规划、战略，以使自己的产品更好、更快、更便宜，使用起来更简单方便。他们希望所提供的相同产品的价格最低。为了撬走你的客户，必要时他们的第一笔订单甚至可以亏本。

为了打败这些竞争对手，你必须和他们抱有相同的想法，采取相同的行动。

对竞争对手进行SWOT分析。SWOT代表优势、劣势、机会、威胁。律师在从当事人的角度分析案件之前会先从对方的角度分析案件，销售人员也应如此，在制定自己的营销策略之前，应当仔细研究竞争对手的营销策略。

军队的总指挥官在制订作战计划之前要花大量时间研究敌人的战略部署。销售人员也应该这么做。竞争对手的优势在哪些方面？他们的哪些做法可以吸引自己的客户？为什么自己的客户选择从竞争对手那里购买产品？自己该如何抵消竞争对手的这些优势？

了解竞争对手的优势和劣势

竞争对手的优势是什么？为什么市场行情不好，竞争对手依旧可以取得好业绩？他们的产品是什么？产品质量怎么样，卖得好吗？对于销售人员而言，需要遵循的一条重要人生启示就是：永远佩服成功的竞争对手。当你欣赏成功的竞争对手，尊重他们为吸引和留住客户所做的聪明的决策时，你就会更乐意向他们学习，改进自己的销售流程，从而更好地开展自己的业务。

许多销售人员习惯批评贬低比自己成功的竞争对手，这样一来他们永远不会从竞争对手那里学到一些聪明的做法，其实正是这些聪明的做法使竞争对手变得如此成功。相反，当销售人员开始佩服成功的竞争对手，并找出他们值得学习的东西时，就会在自己的行业中进步得更快。

接下来，找到竞争对手的劣势。竞争对手在哪些方面不如自己？为什么客户向自己购买产品而不是从竞争对手那里？

市场调查

销售人员可以尝试使用一种简单的两难问题市场调研法。首先，致电 10 个最近向自己购买产品的客户，对他们说："我给您打电话的目的只是想感谢您决定从我这里购买产品。非常感谢！我们公司正在进行一些市场调查，您是否可以回答一个问题：您决定向我购买而不是向我的竞争对手购买此产品的原因是什么？”

销售人员会惊讶地发现，80% 的客户向自己购买产品的理由是同样的原因。你也会非常惊奇地发现，成交时自己不知道是这个原因。对于大多数公司的大多数销售人员而言，他们并不了解客户选择自己而不选竞争对手的真正原因。

通过对这 10 个客户简单地调查，你可以总结出客户购买产品的真正原因。然后将这一因素融入自己的销售工作、广告宣传和促销活动中。

致电未成交的客户

未成交客户是指那些决定向竞争对手购买产品的客户。致电 10 个最近未成交的客户，并说这些话：

“您好，我是销售人员约翰。给您打电话只是想感谢您曾经考虑购买我们的产品。我非常尊重您从别人那里购买产品的决定。本次来电，希望您能分享一下对我们产品优缺点的独到见解，以及您决定从我们的竞争对手那里购买产品的关键原因。”

然后，完全保持沉默。大多数客户会告诉你他决定在其他地方购买产品的原因。无论他们的答复如何，请你再次感谢他们抽出时间接听电话，并告诉他们希望以后有机会再和他们合作。

他们的答案常常会让人感到惊讶。如果事先知道客户的主要购买动机是什么，那么自己可能会用重新报价或给他们更多好处的方式来削弱对手的竞争优势。但是此前自己并未意识到这点，因此客户投向了竞争对手。

第六章 分析竞争对手

了解自己

现在，请分析自己的优点和缺点。自己的产品的哪些方面与客户最深切的需求最契合？产品的哪些特点常被客户称赞？客户在购买和使用产品时，对产品的哪些方面最满意？销售人员必须清楚地知道这些问题的答案。

与竞争对手相比，自己产品的不足之处是什么？需要改进什么才能弥补这一弱点？可以采取什么措施来弥补这一弱点，使其不再成为客户购买此产品的障碍因素？

所有良好的营销策略旨在找准竞争对手的优势，并采取措施弥补自身的不足。与此同时，找准竞争对手的劣势，并利用这些劣势制定销售策略。

实践练习

1. 最成功的竞争对手是谁？列出竞争对手为客户提供的 3 项优势或好处，且这 3 项好处是自己目前没有为客户提供的。

2. 自己产品的三大优势是什么？如何将这些优势更清晰地传递给客户？

第七章

培养竞争优势

培养竞争优势是成功销售最重要的因素。为了达成交易，销售人员必须让客户相信：自己的产品比竞争对手的更好，更令他满意。

产品的差异化是成功销售的关键。

自己目前的竞争优势是什么？是什么让自己的产品在客户心目中优于其他同类产品？

找准自己擅长的领域

自己擅长的领域是什么？自己的产品能给客户带来什么，使其成为客户最理想的选择？客户购买和使用产品的好处是什么？自己的产品比其他竞争对手的产品好在哪里？

产品的竞争优势、公司的竞争优势是营销和销售工作的所在，也是销售人员在竞争激烈的市场中生存和发展的关键，更是成功的关键。正如现代管理学之父彼得·德鲁克（Peter Drucker）所说：“如果一个人没有竞争优势，那么必须立即着手培养一个竞争优势。”

如果自己不清楚产品的竞争优势是什么，或者产品没有竞争优势，那么你就要反思：自己产品的

竞争优势可能是什么？什么样的竞争优势可以取得长远的成功？

独特的附加值

竞争战略之父美国哈佛大学知名教授迈克尔·波特（Michael Porter）提出，销售人员必须为客户提供独特的附加值。

没有必要超越所有竞争对手，只需要为想要服务的客户提供一些特别的、不同的、更有价值的东西。

自己的竞争优势会真正影响到哪些客户？几乎每种产品都具有某些优势，销售人员需要使自己的产品成为某些客户的特定选择。假设你是凯迪拉克汽车（简称凯迪拉克）的销售人员，凯迪拉克的竞争优势在于它是豪华汽车，有品质有信誉，因此你要自问："哪些客户会看重这一竞争优势？"

凯迪拉克的卓越品质对买得起、开得起豪车的人最具吸引力，因此你的客户不是开福特、雪佛兰、斯巴鲁等汽车的人，而是那些可以自由支配收入的高收入客户。

那么，凯迪拉克有什么独特的附加值，使其在宝马、奥迪、梅赛德斯－奔驰等豪华汽车中成为最优选择？

为了在竞争激烈的市场中取得主导地位，自己的产品至少在以下 4 个方面都要与众不同，占据优势。

（1）产品质量更好

质量的好坏是由客户定义的，自己的客户如何定义产品的质量？

（2）产品效率更高，效果更好

通过哪种方法可以使自己的产品比竞争对手的更高效？产品对于客户的财务和客户本身有什么特殊意义？自己的产品比竞争对手更快地交付结果或收益，这对客户的生活或工作有什么影响？

（3）产品更便宜

就购买成本而言，自己的产品可能比竞争对手的便宜；就产品的终身成本而言，自己的产品可能会更便宜。价格便宜对客户而言意味着什么？客户以较低的价格购买产品，而不是以较高的价格向竞争对手购买，这对客户的好处是什么？

（4）产品更易使用，更方便

客户普遍较懒，因此他们总是青睐更易于使用的产品。自己的产品在哪些方面更易于使用？为什么更容易？怎么容易？它对客户的生活或工作有什么影响？如果销售人员有能力在每次成交时都能将自己的产品与竞争对手的区分开，并确保它是客户更理想的选择，那么谁还能成为自己的竞争对手？

优势最大化

所有成交都在于销售人员有能力将自己的产品与竞争对手的区分开，并确保它是客户更理想的选择。那么谁还能成为自己的竞争对手？为什么自己的客户向竞争对手购买产品？他们看到了竞争对手的什么优势？他们认为竞争对手的产品在哪些方面优于自己？

特别是，销售人员要客观地了解：竞争对手的产品在哪些方面优于自己的产品？如何抵消竞争对手的优势（或客户认为的优势）？自己如何介绍和展示产品，才能最大限度地扩大自己的优势，凸显竞争对手的劣势？

许多情况下，产品基本是相似的。比如，供应相同食物的餐厅。在这种情况下，你可以通过更好、更温暖、更友好的方式为客户提供服务，以提高餐厅的区分度。特别是当一种产品随处可见的时候，为客户提供优质的服务就成为一种竞争优势，它使你在客户心中处于优势。

有时，销售人员能够在客户认为的重要领域中发挥优势，就可以赢得客户。

销售人员可以做这样一个练习：在自己名片的背面，写一个字数为 10~15 的理由，这个理由必须能够说服一位消息灵通且对产品持怀疑态度的客户从自己这里购买产品。

如果你不能在名片的背面写明这一理由，这说明你很可能不知道自己的竞争优势是什么，或者你无法在现实的销售活动中发挥自己的竞争优势。

实践练习

1. 列出自己的产品优于其他竞争对手的两个原因。

2. 列出当客户不从竞争对手那里购买类似产品，而向自己购买产品时，能够获得的两种效果、好处，以及在工作或生活上的改善。

第八章

制定有效的销售策略

顶尖销售人员的特点之一是擅于长线思维。他们不会立刻回应周围发生的事情，而是花时间冷静思考，对销售“战场”整体审视后重新考虑市场情况。

首先，顶尖销售人员对自己的产品了如指掌，也深知自己的产品在哪些方面比竞争对手的产品能够更好地改善客户的生活或工作。

然后，顶尖销售人员会进行市场调查，尽可能清楚地了解哪些人最有可能购买、使用和享受自己销售的产品。

销售策略的四大核心元素

成功的销售策略由 4 个核心元素组成，具体如下。

（1）专业化

销售人员销售不同的产品，所售产品的尺寸、形状、材质也各不相同。为了达成交易，对于销售人员而言，重要的是掌握专门销售一种或几种产品的优势方法。销售人员不能什么东西都卖，而是要有针对性地销售几种产品，优化自己的销售方法。那么，销售人员应该专攻哪些产品呢？

销售人员的客户随处可见，但并非所有客户都适合成为自己的客户。因此，销售人员需要研究自己未来客户的类型。将产品卖给与自己同类型的人并不难，因为你们有着相似的教育经历、成长背景、经验、世界观等，甚至连生活方式和穿着都十分相似，所以，你的理想客户是那些容易相处，且相处起来彼此舒服的人。

此外，销售人员可以在特定的地理区域开展销售活动。我认识的一位最成功的销售人员从 IBM 的销售转行从事商业地产的出售和租赁业务。他的办公室位于市中心的一栋办公楼里。他买了一张商业地产聚集的市中心地图，以办公楼为圆心画了一个圈，步行至圈中的任意地方不超过 5 分钟。由于这个圆形区域有数百栋办公楼，能吸引许多的准租户，他下定决心只做位于此区域的客户的业务，只针对距离办公室步行 5 分钟路程的客户。秉承只专攻位于此地理区域的客户的工作理念，他第一年的收入就超过了 20 万美元，而周围的其他销售人员则业绩平平。

由此可见，销售人员可以专营公司经营的某种特定类型的产品、专门着眼于某一类型的客户或是专门针对某一地区或特点的活动范围来开展销售活动。这是制定销售策略的第一步。

（2）差异化

一旦确定了自己要专营的产品，销售人员便可根据自己的专营产品和优势领域，确定周围哪些潜在客户购买的潜力最大。

每位客户通常基于自己认为可以获得的某一重要的好处或利益，从多个竞争产品中做出购买决定。销售人员则需要确定自身产品可以提供哪些独特的附加值或特殊服务，确定哪种类型的客户会因看重

这些利益而在众多竞争对手中选择自己，购买自己的产品。

销售人员也可以通过产品知识让自己脱颖而出。客户购买产品的一个原因是他们相信销售人员是该领域的专家。如果销售人员比竞争对手更了解所售的产品，客户会更放心地购买产品。

此外，销售人员还可以凭借优秀的销售技巧使自己与众不同。规模大且实力雄厚的公司很早就明白，销售人员在竞争中是否能胜出很大程度上取决于公司对销售人员的培训质量。

（3）市场细分

哪种市场划分、哪种客户群体可以从你的主营产品和优势领域中受益最多？写出你的理想客户或完美客户的类型。他们的人口统计学特征是什么？

客户的年龄、教育程度、职位、家庭结构，以及目前的生活方式是什么？

分析理想客户的心理特征。分析客户未来的希望、担忧、愿望、问题、目标和期望都是什么，然后寻找符合上述特征的理想客户。对理想客户的心理特征分析得越清晰，越能找到更多的理想客户，也越容易与他们成交。

（4）专心

这一核心元素要求你一心一意地专注于向某一客户或客户群体销售产品。这些客户最早购买，最早付款，而且最能领会产品所提供的特别功能和优势。因此，为了比现在更快更轻松地创造更多业绩，你应该将精力集中在哪里呢？

专注和集中注定会成功

以我的个人经历为例。我的一个朋友大学毕业后决定从事保险行业。在完成培训获得执照后，他就开始向各种各样的客户进行电话推销。

最好的客户是那些能够持续地赚取高收入的人群，这些人没有时间也不具有保险的相关知识，不能对人寿保险和财务计划做出正确选择和决策。我的朋友很快发现其他保险销售人员的想法与他不谋而合，因此他们将大部分精力集中在律师、建筑师、工程师、医生和企业家身上。俗话说："在有鱼的地方钓鱼。"

为了在竞争激烈的保险销售人员中脱颖而出，我的朋友决定只针对特定类型的客户，专营特定类型的保险和财务计划。于是，他决定从事人寿保险和财产规划，专攻医生等医疗行业的从业人员。

此后，为了从其他保险销售人员中脱颖而出，他努力成为医学领域的保险专家。他采访医生，参加医学协会的会议，阅读了医学杂志和论文，并最终对医生的财务需求、要求和问题有了全面了解。

建立信誉

我的朋友大约在两年内成为医疗行业中最专业的理财师、保险专家，并因此得名。他应邀在医疗会议的专题研讨会上发言，讨论医疗专业人员面临的具体的理财问题及最佳的财务管理方法。

5 年后，通过专门化、差异化、市场细分、专注于服务行业最高收入人群等方式，我的朋友成为世界顶级的保险代理人之一，每年的纯佣金超过 100 万美元。

实践练习

1. 自己专门经营哪个领域的产品？客户向自己购买该产品能获得的最重要的好处是什么？

2. 理想客户是指最欣赏最重视自己专营的产品的客户，那么自己的理想客户的特征和品质是什么？

第九章

客户更青睐专业人士

寻找能购买产品的新客户是销售过程中最重要的一个环节。销售人员要有高效地找到想要且需要自己的产品，并愿意在短期内购买和付款的客户的能力，这一能力对于成交尤为重要。

顾客购买的是结果，而非产品

客户购买的不是产品，而是产品带来的结果或利益、改变和提高。在寻找客户之前，销售人员要先列出自己的产品能够给客户带来的好处。

按优先级对产品所能带来的好处进行排序，列举一项客户能获得的最大好处。此外，如果自己的产品能让客户获得多个好处，那么每个好处都可能吸引来不同类型的客户。

确定客户后，销售人员下一步要确定最有可能购买产品并会尽快购买的客户。这要求销售人员从以下 4 个方面定义自己的产品。

（1）产品可以解决客户的问题

自己的产品能解决客户的什么问题？销售人员要找的是有问题且愿意花钱解决问题的客户。因此，销售人员要善于设置问题，仔细倾听客户的回答，由此来发现客户正面临的问题。

客户的问题大体分为三类，具体如下。

第一类是显而易见的问题。客户知道自己面临一些问题，并且知道面临着什么问题。

第二类是既不明显也不清晰的问题。客户面临一些问题，但不知道问题是什么，也不知道如何解决。现代销售的重大突破之一是向客户展示他们不曾发现自己正面临的问题，以及如何用经济高效的方式解决这些问题。

第三类是不存在的问题。当拜访客户时，销售人员想要发现自己的产品可以解决客户的某个问题，但却发现他们根本不存在任何问题。客户和自己一样，一切安好，不需要所销售的产品。

（2）找准客户的核心需求

销售人员要寻找的是某种需求尚未被满足的客户。该需求可以触发客户的购买欲望和购买行为。

许多人有需求，但不知道你的产品可以满足他的需求。因此，当销售人员最初与这类客户接触时，他们会说“我不感兴趣”或“我现在不想买”之类的话。

销售人员必须弄清楚自己的产品究竟能够满足客户的哪种核心需求，使客户愿意购买。

（3）找准客户的目标

客户有尚未实现的目标，比如减肥、财务独立、加薪、快速晋升等。销售人员要明确自己的产品能帮客户实现哪一个目标。

最好的提问策略是询问客户的长期目标。客户很清楚自己希望实现什么目标，只要自己的产品能以更高性价比的方式帮助客户实现目标，那么客户购买产品的可能性更大，从而会更快地购买产品。

（4）抓住关键问题

销售人员需要找到对产品有需求的客户。诸如“什么让您彻夜难眠？”这样简单的问题，通常能帮助销售人员赢得很多的机会。

从公元前 5000 年苏美尔人建立市场起，归根结底，客户一直只为一件事埋单：改善。

自己的产品能为客户的生活或工作带来哪些改善？客户在购买产品（或服务）时，期待自己的生活或工作得到多大程度的改善？销售人员必须清楚客户期待的改善或收益是什么，并且向客户表明自己的产品可以为其带来这样的改善或收益。

企业客户

如果销售人员的客户是企业，那么客户的需求将变得非常简单。企业希望增加销售额和利润，或者降低成本和开支。他们既想节省时间或成本，又想赚取更多的时间或利润，希望以某种方式改善企业的运营状况。

企业客户通过产品价格与财务收益之间的差额来决定产品的价值及他们愿意支付的价格。企业客户在明确上述信息后，才会做出购买决定。

对销售人员有利的一点是：如果能够提出足够多的问题，并仔细倾听企业客户的回答，那么企业客户会告诉你需要考虑的所有因素，从而让你将自己的产品塑造成最佳选择。

百次拜访法

寻找客户的最大挑战是被拒绝。为了克服被拒绝的恐惧，可以采取一种简单的方法——百次拜访法。下决心从今天起练习百次拜访法。

这种方法要求销售立即出门，尽可能迅速地拜访 100 位新客户。不需要在意能否与这 100 位新客户达成交易，重点是拜访客户的数量，而不是销售结果。

销售人员要找到客户在太想成交和完全不想成交之间的平衡点。如果能做到想要成交，但并不特别在意最终是否能成交，销售人员就能找到这种平衡点，也会成为最高效的销售人员。

销售人员如果能在生活中践行百次拜访法，尽自己所能地拜访了100位新客户之后，就将变得无所畏惧，可以平静地面对拒绝。在日后的职业生涯中，你会期待拜访客户，因为每次拜访都意味着更接近成交。

实践练习

1. 找准自己的理想客户，明确客户会为哪些问题、需求、目标向自己购买产品。

2. 从今天起把自己与客户“面对面的时间”翻一番，每天多花时间与那些能在短时间内购买自己产品的客户相处。

第十章
选择合格的客户

销售过程中最浪费时间的事情就是在不能或不会购买自己产品的人身上花费过多时间。销售初期和客户沟通时，即使是以电话的形式，销售人员如果能够准确地选择合格的客户，那么可以节省大量时间，进而显著提高收入。

如今，客户每天都被淹没在5000条以上的内容为“买我！买我！买我！”的营销短信中。如果能准确地找到合适的客户，也能将客户从海量的营销短信中“拯救”出来。

吸引客户的注意

客户的关注是营销行业最稀缺的资源。为了使自己有机会占据优势或达成交易，销售人员一定要打消客户的顾虑，吸引客户的注意，让客户愿意听自己说话。

如果有可能，提出一个尖锐的问题开启与客户的对话，这个问题能立即确定客户是否合格，也能引起他的注意。一旦提出的问题得到了“肯定”的回答，销售人员就能确定此人是合格的客户，有可能购买和使用自己的产品。

例如，销售人员向企业客户推销产品时，可以用类似“您想了解一种能够节省很多时间或金钱的方法吗？”来开启自己的销售对话。

企业客户最关注的是产品能节省多少时间或成

本，因此这类问题可以立即引起他们的兴趣。向企业客户销售的大多数产品必须能够以某种方式带来经济回报。也就是说，销售的产品能够提高企业的销售额和利润，或是能够降低企业的成本和开支。

如果你是一名住宅房地产的销售人员，“安静的社区是您理想的居住环境吗？”或许是一个不错的开场白。

这个问题是90%的住宅房地产购买者普遍关心的问题，因此客户通常会说：“当然，这正是我们想要的房子。”

销售经理的收入通常取决于销售人员的成交额。如果你的客户是一位销售经理，那么向你推荐一种几年来我百试不爽的开场白：“如果有种方法可以在未来的半年到一年的时间中，将您的销售收入提高20%~30%，您是否有兴趣了解一下？”

这样的问题总能引出你想要的答案："当然，是什么方法？"

如果开场白没有引出"是什么产品呢？"这样意思的回答，那么销售人员需要重新思考，重新设计一个好的开场白，使自己每次都能从合格的客户那里得到类似的回答。

专注于客户

与客户初次接触时，销售人员要将自己的全部注意力和问题集中在客户身上，不要谈论自己是谁、做什么，也不要介绍公司的相关信息。请记住，你的注意力在客户身上而不在自己身上。

以客户为中心的销售人员才是专业的表现。销售人员只有在和客户谈论客户的需求时，才是专业的销售表现。

提问是销售人员的成功之道

销售人员在与客户交流的过程中，提的问题越多，获取的信息就越多，也就越容易确定客户是否是合格的客户，继而达成交易。这就凸显了提问的重要性。销售人员在提问之前，要仔细考虑所有问题，并按照从一般到具体的逻辑顺序来组织问题。

一旦客户对自己的开场问题做出了积极的回应，那么就可以继续了解其他诸如业务、市场、预算等信息。通常客户会告知销售人员上述信息，以换取在开场问题中所承诺的收益。

“裸奔”策略

当销售人员打电话推销或者第一次拜访客户时，可以采取“裸奔”策略。

“裸奔”策略是指：销售人员初次拜访客户时最多只带一个简易文件夹，不要带一个装满小册子和样品的公文包。当客户有兴趣并需要更多的产品信息时，再回到车里拿资料，继续向客户介绍。初次拜访时不带公文包，可以降低客户最初的消费抵触情绪，让客户放松，尽早敞开心扉。

第一通推销电话是不可能成交的，第一通电话应该把注意力放在信息收集上。除非销售的是物美价廉、无须考虑的产品，否则只是与客户交流并提出一些问题。做好笔记，并告诉客户，如果自己有可以帮助他们的办法，会再联系他们。专注于建立关系，用友好、友善和无威胁的态度与客户沟通。

客户保持放松状态的时间越长，向销售人员敞开心扉的机会越大。长远来看，成交的可能性就越大。

找准关键利益

对于每位客户来说，都有能激起其购买欲望，向销售人员购买产品的关键利益，同时，也存在重要的担心和疑虑阻止客户做出购买行为。在选择合格的客户进行对话时，销售人员最重要的是要了解清楚客户会为哪些利益购买自己的产品，以及究竟是哪些具体的担心和疑虑阻碍客户购买产品。

不要害怕提问。“提问”是成功销售的“咒语”。

销售人员甚至可以说："先生，我发现每个人购买产品都是基于某个关键利益或某种重要原因。那么您会为了什么原因购买我们的产品呢？"

如果销售人员只是出于好奇向客户提问，且态度开放、诚实、真诚，那么你会听到让自己惊讶的答案。客户通常会告诉你成交需要的所有信息，但关键是销售人员要向他们提问。

实践练习

1. 设计一个开场白，能够让自己确定所交谈的人是合格的客户。

2. 找准理想客户的关键利益，并确保在开场白中谈及这一关键利益。

第十一章
关系因素

我们采访了上千位客户，让他们用一个最恰当的词来形容自己对前来拜访的顶级销售人员的感觉，“朋友”总是他们选择的第一个词，也是最重要的一个词。

有的客户会说：“我把他当作朋友。”有的客户会说：“我觉得他更多的是关注我，帮我实现目标，而不仅仅关注是否能成交。”

早前，我们称此为关系销售，是指销售人员在试图说服客户购买或使用产品之前，与客户建立高质量、可靠、互信的关系。

专注于与客户建立关系

与客户建立关系是对销售人员的基本要求，也是销售人员要掌握的基本技能。这种销售策略基于一个非常简单的理论：客户只有在确信销售人员是他们的朋友，并且认为销售人员在为他们的最大利益做事时，才会向你购买产品。

在销售过程中，销售人员要做的第一件事是建立信任。在销售过程的初期，销售人员要做到守时、准备妥当、一心一意地关注客户。取得客户的信任后，逐渐与客户成为朋友。销售的一条基本规则是：既不向不喜欢的人销售商品，也不向不喜欢的人购买商品。如果客户不喜欢不信任与自己交谈的人，即使产品十分诱人，客户也几乎不会购买。喜欢、信任、友谊是关系销售的基础。

医生式销售策略

医生式销售策略是一种可以与客户建立信任、信心、友谊的方法。这要求销售人员将自己想象为“医生”，将自己视为具有很高道德准则的专业人员。

在世界的任何地方，如果你去找医生看病，每位医生都始终遵循 3 个阶段：检查、诊断、开处方。

仔细观看销售人员与客户谈话的视频后不难发现，几乎每个行业的顶尖销售人员在销售对话中都遵循相同的过程。

（1）检查

在检查环节，医生花大量时间问诊，检查身体各项指标，以便充分了解病人的病情。在该阶段，医生不会对病人的治疗方案和处方提出建议，只会专心地进行问诊、检查，以充分了解病人的真实情况。

对于销售人员而言，检查阶段是用准备好的问题向客户提问，从而了解客户的需要、期望、问题和目标的总体情况和具体细节。销售人员花更多的时间全面地询问客户的需求，即俗称的“需求识别阶段”，客户越会喜欢并信任你，认为你的行为符合他的最大利益，就越会愿意与你做生意。

（2）诊断

医生式营销的第二阶段是诊断。该阶段需要销售人员总结检查阶段的信息，就像医生拿到检查报告后，向患者（客户）解释病情和治疗方案。好的医生总是花时间仔细解释检查结果，以及对种种可能的情况进行分析。

一旦客户（患者）完全理解了“医生”的说法，认为应该解决自己的问题或需要，销售人员就可以进行下一步，即介绍产品。

（3）开处方

医生式营销的第三阶段是开处方。销售人员要很有说服力地展示自己的产品，让客户相信自己的产品能够很好地解决问题或满足需求。

在开处方阶段，销售人员需要介绍产品，回答客户可能提出的问题，消除客户的疑虑，让客户相信自己的解决方案是所有方案中最好最有效的。然后促使客户做出购买行为。

第十一章

关系因素

关系决定结果

如果病人与医生之间有足够的信任，当医生第一次提出建议时，病人就会接受医生的建议，希望立即开始治疗，以使自己尽快康复。

为了与客户建立友好和信任的关系，销售人员应该采取低调、专业、以客户为中心、以客户为本的工作方法。将工作的焦点放在客户身上，专注于帮助客户解决问题，实现目标，从而与客户建立信任和友谊。销售人员花越多的时间全面地了解客户的需求，自己的产品就越容易成为客户愿意购买的解决方案。

关怀、礼貌和尊重

关怀、礼貌和尊重是建立友好关系的基础。销售人员通过询问与客户生活或工作有关的问题，满怀同理心地耐心聆听客户的回答来表示自己的关心。销售人员讲礼貌，不仅要与客户保持礼貌，而且与接触到的客户的每一位同事和家人要保持礼貌。

销售人员可以通过一些方式表达对客户的敬意，比如问一些机智的问题，专心听客户的回答，提出建议，跟踪客户对产品的反馈等。销售人员如果能够做到“悄无声息”地销售，就能越快地将销售关系转为朋友关系，就越有可能在对话结束时达成交易，维持业务关系。

实践练习

1. 为了更快地与客户建立友好关系，请将客户想象成一位内心极为丰富且魅力十足的人。提出问题，充满期待地倾听客户的回答，仿佛客户要说一些深刻而动人的话。

2. 在下一次会面时，抛开所有想成交的想法，将注意力集中在了解客户、了解其需要与自己的产品的契合点上。

第十二章

说服客户的 3 种方法

心理学家研究出多种可以加快决策过程，最终达成交易的方法。在购买过程中，客户经常与销售人员经过数次的见面和谈话，仔细考虑购买与否带来的利弊。经过一个漫长的过程，客户才会回归正题，同意购买自己的产品。

使用有效的销售触发因素

研究发现：销售人员可以在销售对话中通过某

些心理触发因素来吸引顾客，激起他们立即购买商品。在大多数成功的广告及市场推广活动中，销售人员都使用了这些触发因素，激起完全不感兴趣的客户产生购买欲望。有时，时长不超过 60 秒的电视广告就能激发顾客的购买欲望。在销售工作中，销售人员也要擅长使用触发因素。

动机心理学多年的研究成果揭示了人们行为方式的某些原因，尤其是销售过程中某些行为的原因。研究表明，每位客户都有深层的潜意识需求，销售人员需要在客户做出购买决定之前满足客户的这些需求。影响购买因素是推动客户快速形成购买决策的触发因素，可以立即与潜意识里的需求建立联系，因此销售人员可以使用触发因素来缩短客户的决策过程。

互惠的力量

互惠是最强大的购买影响因素。我们有与他人“公平交易”的深层次需要，以此来回馈他人为我们或对我们所做的事情。我们想回报别人为我们做的好事，回报别人的好意和帮助。

第一种是情感互惠，即“如果你让我感觉良好，我也会让你感觉良好”。销售人员通过态度友好、准备问题、专心倾听、让客户觉得自己很重要等方式激发客户的情感互惠。

第二种是物质互惠。销售人员可以说：“如果你为我做点好事，或者送我一些好东西，我会为你做点好事或以某种方式回报你。”

不断寻求为客户提供帮助或向客户表达善意的

方法。寄送小礼品，以与客户建立良好关系。如果销售人员对客户表达善意、关怀和友好，并在他们说话时认真倾听，使客户感到更好更幸福，那么客户会以某种方式回馈你的善意。通常客户会仔细考虑甚至直接向销售人员购买产品。

承诺和保持一致

承诺与保持一致是影响购买的又一关键因素，也称情感购买触发因素。

增量承诺法则适合用于销售活动中的所有客户。增量承诺法则是指与客户初次见面时，从零承诺开始不断增加，当承诺值达到 100% 时，客户才向销售人员购买产品。销售人员必须给客户足够的时间，从对产品完全不感兴趣转变为同意购买。

人们力图与过去的言行保持一致。当销售人员深思熟虑后了解客户的处境，向他们证明自己的产品能够准确地解决客户发现的问题，解决所面临的困难，那么会更容易成交。人们不会与自己的观点争论。

人们努力与自己的形象保持一致。当销售人员说“所有的大公司都开始买这种产品”时，能在客户的脑海中触发购买产品的愿望，因为客户认为自己是大公司的一员。

当销售人员说“所有真正成功的人现在都在使用此产品”时，那些认为自我形象是成功人士的人会立刻对销售的产品抱有更大的兴趣。

社会认同

社会认同也是一个重要的购买触发因素，也是最强大的一种购买触发因素。人类是社会性的动物，深受周围人言行的影响。如果同类型的人购买了某一产品，那么客户也会为之所动。

客户首先会问（无论明示或暗示）：“我认识和尊重的人中，有谁购买了这个产品？”

社会认同的影响力大到可以使客户的态度产生 180 度大转变，从毫无兴趣转变为想要立即购买。

客户认为：如果与自己相似的人购买了该产品，那该产品一定是一个不错的选择。客户会假设已购买的客户已经替自己做了功课，他们一定对该产品进行了充分的考量和评估后，才做出了购买决定。

因此，该客户认为可以放心地购买。

社会认同的另一种方式是对产品满意的客户的推荐信、名单、照片等。越来越多的商家也采用视频的方式获取社会认同，邀请对产品满意的客户在视频中谈论产品的质量有多好，对自己的购买决定和使用体验如何满意。证明自己产品好的人越多，客户就会越放心地向你购买产品。

实践练习

1. 想出一两件第一次拜访潜在客户时可以说或做的事，甚至可以准备一个礼物，从而激发客户的互惠情绪，耐心地听自己介绍产品，甚至是直接购买。

2. 举两个具体的例子，说明客户购买了自己的产品后，对效果和收益感到非常满意。在展示产品的环节，向客户介绍这两个例子。

第十三章

有效地展示产品

产品展示是销售的关键环节，也是真正促成交易的环节。在展示过程中，销售人员可以将对产品持怀疑态度或没有购买意愿的客户转变为忠实客户。

相较于毫无准备且杂乱无章的产品介绍，高效地进行产品（或服务）展示可以使成交概率呈倍数增长。

一旦确定了客户需要且会使用产品，可以从产品中受益，也能买得起产品，销售人员要立刻抓住机会说服客户购买产品。

几乎所有的销售人员都需要在某些方面改进产品的介绍方式，不断打磨产品的展示方式，直至几乎每次都成功地将产品销售给合格的客户。

遵循逻辑流程

产品展示应按照从笼统到具体的逻辑有序进行。在产品展示之前，销售人员要完成以下流程：清楚地确定此人是产品的客户，与客户建立朋友关系并取得信任，仔细分析客户的需求，以使客户了解可以从产品中获得什么好处。

请牢记：销售过程逻辑混乱是注定不会达成交易的。在明确自己的产品可以满足客户的需要或能解决的问题之前，客户对任何关于产品的介绍都毫无兴趣。他们会说“目前我不感兴趣”或“留下我看看吧”，有时候甚至会说“让我考虑一下”。

在产品展示之前，由于人一次只能专注于一件事，因此，请确保周围的环境适合进行产品的展示，能让客户将注意力放在产品上。如果存在任何干扰、中断或噪声，客户将无法集中精力听产品介绍，结束时也不会产生购买欲望。

产品展示公式

在产品展示之前，销售人员要做好充分的准备工作，在纸上对产品展示进行推演。不论过去做了多少次产品展示，每次与客户见面之前都排练一下展示流程。请记住，做好准备是专业人士的标志。

产品展示的最佳公式是：展示、讲述、提问。

首先，向客户展示自己的产品，然后介绍产品能够改变或改善客户生活或工作的哪些方面，讲述产品将给客户带来哪种好处。最后，向客户提问："这是您会用得到的东西吗？产品会对您目前的状态有所改善吗？"，以确保自己的产品对于客户来说是有价值的，是与客户息息相关的。

销售人员应使客户明白他如何从使用自己的产品中获取最大收益，并享受这个使用过程。销售人员可以通过"您可以想象一下每天使用我们的产品，这将对您的生活或工作产生什么影响？"这样的话语，在客户脑海中刻画一幅他自己满脸微笑、从产品中受益良多的景象。

三原则

另一种有效的产品展示公式是业界俗称的“三原则”。

因为（描述产品的功能），您可以（描述产品的优势），这意味着（描述客户的收益）。

例如，如果销售的产品是平板电视，你可以说：“由于采用了这种新的平板技术（产品功能），您可以将电视安装在任何墙上（产品优势），这意味着客厅可以变成家人和朋友的影院（客户收益）”。

讲故事

讲故事，即故事营销法，是增强产品说服力最有效的方法。故事营销法是指销售人员用对产品非常满意的老客户的故事和案例来丰富产品展示流程。

销售人员要多讲对产品感到满意的客户的案例。故事营销法之所以如此有效，是因为人在进行购买决定时右脑区域比较活跃，而右脑容易受到图片、影像和故事的影响。

当销售人员讲述成功案例时，客户会自动将自己带入故事中，认为自己也喜欢这一产品。

实践练习

1. 列一个成功案例清单，清单中的客户都是对产品感到满意的老客户。成功案例可以是自己的案例，也可以是其他销售的案例。在产品展示中经常讲述这些成功案例。

2. 每次与客户对话之前，销售人员都要仔细计划、准备和回顾自己的产品展示流程。

第十四章

使用暗示的力量

人们极易受到环境中暗示的影响。在销售过程中，暗示也能发挥最大作用。销售人员应该清楚地了解自己可以控制哪些暗示性元素，并在每次销售对话中利用这些元素，从而对客户的购买行为产生积极影响。

销售人员可以通过以下几种方式对客户的行为产生强烈的潜意识和暗示性影响。请记住规则：一言一行都至关重要！在销售过程中，销售人员所做的每件事都会促成或阻碍交易。销售人员在客户面前的任何言行，都会影响成交结果，因此，销售人员的一言一行都至关重要。

性格

第一种暗示性元素是销售人员的性格。如果销售人员积极、热情、友好、乐观，会对客户产生积极的暗示影响。客户会愿意听取销售人员的意见，愿意被其说服。

销售人员对公司和产品质量的信念程度也会对客户产生暗示效果。当销售人员把对产品质量的信念与帮助客户改善生活或工作的明确意愿相结合时，这可以极大地影响和说服客户，尤其是在客户的意识层面。

声音

第二种暗示性元素是说话的声音。声音洪亮，表述清晰也会产生强烈的暗示作用。如果销售人员声音洪亮，并对关键词进行加重，这比那些不注重表述的销售人员更能影响客户。

当销售人员说话清晰且自信时，客户会认为产品的质量很好，优于那些语调柔和的人所销售的产品。因此，销售人员要确保自己的措辞得体，讲话清晰明了。

穿着方式

第三种暗示性元素是穿着方式。销售人员对客户的视觉影响极为重要。客户对销售人员的第一印象几乎完全取决于销售人员的穿着。人类是视觉动物。专家认为：客户在第一次见到销售人员的 4 秒内对其形成第一印象。

在客户会面时，销售人员要确保自己穿着打扮得体。这不是要求销售人员一定要英俊漂亮，外貌普通的销售人员比英俊漂亮的销售人员更容易成交，因为漂亮的外貌会在某种程度上导致客户分心。

衣着

销售人员的穿衣规则是穿出成功。穿着要做到仪容整洁，衣着得体，确保自己看上去是最好的状态，让自己看起来像一个成功的销售人员，在成功的公司工作，销售质量过硬的产品。客户虽然自己衣着随意，但也更想要和衣着得体的人打交道。

当我还是一个年轻的销售人员时，穿着随便，也不知道外貌会对客户产生影响。有一次，我被一个年长的销售人员叫到一旁，问我是否需要一些穿着方面的建议或意见。幸运的是，我没有自大。我告诉他，只要这些建议可以帮助我更加成功，我都愿意接受。

坐下后，他向我介绍了商务场合的着装规范。直到今天，我仍然记得他对我的“教导”。从那时起，我习惯了搭配衬衫和领带，穿着锃亮的皮鞋，为了客户打扮得更得体。很快，我注意到客户对我更尊重，也更愿意听我介绍产品，进而大量购买我的产品。这真的让我大开眼界！

第一印象

客户会在 4 秒内对销售人员形成第一印象，在 30 秒内确定对销售人员的最终印象。此后，客户很难摆脱心理学家所说的“确认偏误”，会找各种理由来证明自己的第一印象是正确的。假如销售人员的外表在前 30 秒没有给客户留下很好的印象，销售人员会发现自己无论怎么努力都难以吸引客户的注意，赢得客户的尊重。尤其是在与成功人士打交道时，第一印象更为重要，他们几乎比任何人都挑剔，更吹毛求疵。

呈现产品的最佳状态

第四种暗示性元素是产品本身。销售人员要确保呈现出产品的最佳状态，确保所有的销售资料干净、整洁、有吸引力。客户认为销售资料的质量是产品质量的直接体现，因此销售人员要确保所有销售资料看起来质量一流。

在房地产市场中，擅长“旧屋新装”的专业人士有着巨大的市场空间。他们进入待售房屋后，就家具、地毯、台面的拆除换新给出建议，让房子看起来更美观更能吸引人购买。房子整体的视觉效果对房子的吸引力、购买者支付的价格及房屋的销售速度都会产生巨大的影响。

请记住，销售人员让客户看到、听到、感受的所有东西都会产生暗示性力量，都会对客户最终的购买决定产生影响。因此，销售人员的一言一行都至关重要。

实践练习

1. 下决心从今天起开始改变自己的衣着打扮，将自己打扮成行业中最成功、薪水最高的人。自己会对着装做出哪些改变?

2. 整理自己的产品展示和销售资料，使它们看起来干净、整洁、有吸引力，从而提升客户的购买欲望。

第十五章

树立良好的信誉

客户每天都收到大量的推销消息，被各种销售人员和公司骚扰，这些公司和销售人员都竭尽所能地将各种质量和价格的产品推销给客户。因此，客户对如今的任何销售行为都极为怀疑。

为了促成交易，销售人员需要准备好能消除客户怀疑的策略，让他们对自己、对公司、对产品建立高度的信心。简而言之，销售人员应该学习在任何影响顾客和购买决定的事情上树立高水平的信誉感，即良好的信誉。

消除对失败的恐惧

如今，阻止客户购买的主要原因是对失败的恐惧。客户担心为产品花费过多金钱；担心产品不能满足自己的特定需求；担心犯了购买错误，买了不合适的或价格过高的产品而受到他人的批评；担心买到无法使用或无法保障售后服务的产品。

客户的这些恐惧来自自己或了解的不愉快的购物经历，这些导致他们决心不再犯同样的错误。

信任能够降低恐惧

好消息是，如果客户越相信销售人员及其所说的话，越会降低在购买过程中对犯错的恐惧。随着客户对你信任的增加，对犯错误的恐惧就会随之减少。因此，销售人员工作的重心是增加客户对自己的信心和信任，让客户接受销售人员所说的话并购买产品。

销售人员在销售过程中的任何行为都会促进或抑制信任的建立，自己的一切言行都会提高或降低自己的信誉，最终都会对是否成交产生影响。客户会因做出错误的决定而感到焦虑不安，如果销售人员不加干涉，客户会用消极的方式解释所有事情。

由此可知，销售人员的主要工作是将自己塑造成产品的低风险供应商，将自己定位为风险最低而非低价格的卖家。为了降低购买产品所带来的风险，客户愿意支付更高的价格。如果客户需要在高风险低价格和低风险高价格中做出选择，那么他们通常会选择后者。

建立良好信誉的五大要素

要想成交，销售人员需要建立良好的信誉。良好的信誉包含五大要素，具体如下。

（1）销售人员

销售人员的外表、行为、态度、衣着和打扮都会提高或降低客户向销售人员和所在的公司购买产品的信心。

（2）公司声誉

公司向客户提供优质的产品，这使公司能在市场上建立良好的声誉，而公司良好的声誉也是最宝贵的资产。据统计，85% 的客户会基于公司的口碑做出购买决定。这意味着其他客户直接或间接地对销售人员的公司做出了良好的评价，会提升公司的口碑，进而促使购买决定。

销售人员应向客户介绍公司的规模、创建时间及市场情况。销售人员也要确保自己的宣传册、传单、销售资料和名片看起来质量一流。此外，销售管理人员还要确保自己和下属能够使用得当的电话礼仪，快速完美地答复客户的问询。

（3）社会认同

如果老客户和当前客户的处境相同，而老客户对购买决定非常认可，这样的故事对当前客户而言最具说服力。

客户总是想了解“还有谁购买了这一产品”“他们购买产品后的体验如何”等问题，因此，销售人员可以利用老客户的推荐信、名单、照片，甚至是视频促进销售。老客户如果起初犹豫不决，但当购买之后，告诉别人他们对自己的决定有多满意，这样的故事最具说服力。

（4）权威

如果有客户信任的第三方高度评价或正面评价自己的产品，他会更容易向你购买产品。权威人士的话语对客户的购买决定起决定性作用。如果你的产品出现在图书、杂志和新闻报道中，这可以提高产品的信誉。以专业知识或知识而闻名的权威人士使用了自己的产品，也可以提高产品的信誉。衣着、公文包、手表，甚至是钢笔都可以成为权威和财富的象征，这也有助于提高销售人员的信誉。这些因素都表明销售人员已经成功地以现在的价格销售了令人满意的、有吸引力的产品。

（5）产品

如果销售人员出售的产品能够满足客户的某种

利益，就能提高产品的信誉。如果产品能证明客户获得的价值远远超过所支付的费用，也能够树立良好的信誉，并刺激客户的购买欲望。销售人员如果为产品进行担保和保证，也会提高产品的信誉，刺激客户做出购买决定。

最成功的销售人员是那些在这五大要素持续提高自己，且能够与客户建立信任关系的人。

实践练习

1. 举出 3 种能够降低客户内心对失败恐惧的方法。

2. 举出 3 个可以在销售活动中建立良好信誉的因素。

第十六章

有效解决异议

在销售过程中，大多数顾客会不可避免地提出一些异议。但是，当客户因价格高等原因而对产品价格提出异议时，许多销售人员便会灰心丧气。

事实上，客户每天被成百上千的推销信息轰炸，因此，但凡涉及时间和金钱的问题，客户都会抱有怀疑的态度，小心谨慎。

无论销售人员销售何种产品，客户都会有问题和顾虑。销售人员若想促成交易，必须先解决客户的异议。销售人员是否能够成功销售的关键在于处理客户异议的能力。

客户的异议是一种积极的信号，这表明他们对自己的产品感兴趣。异议通常表明销售人员已经触及客户的情感神经，并在某些方面与其建立了联系。事实证明，在成功的销售案例中，客户的异议量是不成功的销售案例的两倍。

六大异议原则

六大异议原则是销售人员找准和消除客户异议的原则之一。六大异议原则表明，客户对产品的异议总数不会超过 6 条。因此，销售人员需要明确自己产品可能会引发的 6 条异议是什么，可以反问自己："如果我们的客户没有说……我们可以成功地把产品卖给所有与我们交谈的人。”

列出自己过去一周或一个月内收到的客户提出的所有异议。由于产品和市场的不同，客户的异议也不尽相同，将其分为 6 个逻辑范畴。

一旦确定了产品的 6 条异议，销售人员需要针对这些异议组织缜密的回答。

关键问题

回答异议的关键问题是“为什么客户不向我们购买产品”。销售人员要找出此问题的答案，用合乎逻辑的理由消除客户的异议。

销售人员要将异议理解为客户想要获取更多的信息。例如，客户说：“价格太高了。”销售人员可以回答说："问得好！为什么我们的价格看起来比竞争对手高？听下我的回答是否令您满意。"

通过这样的回答，销售人员可以赞扬客户提出的异议，并鼓励客户提出更多异议。

让客户轻松地表达异议

客户都对产品有异议，销售人员必须彻底解决这些异议。如果客户内心深处存在任何一点异议，即便不说出来，最终也不会购买。因此，无论客户说什么，无论听过多少次相同的异议，销售人员都应该让客户完整地表达自己的异议。

每当客户对自己的产品提出异议或发表负面评论时，销售人员应该用出色的倾听技巧来听取客户的异议。销售人员要耐心，不要打断客户，并回答之前稍作停顿，提问以达到澄清的目的。最后，用自己的话复述客户的异议确保自己明白客户说了什么。

回应异议

销售人员可以用几种通用的回答来回应客户提出的任何异议。记住，提出问题的人才能掌控对话。因此，销售人员要尽可能地用提问而不是回答的方式回应客户的异议。

销售人员可以说："显然，您有充分的理由这么说，但您介意我问一下，您这么说的理由具体是什么吗？"随即保持沉默。很多时候，客户没有一个很好的理由，当被销售人员反问后，他们也不知如何回应。

另一种回应异议的方式是问客户“您的意思是？”或者“您到底是什么意思呢？”然后保持沉默。

销售人员要以异议为契机，通过专心倾听客户的异议，认真回应客户的异议来赢得客户信任。销售人员越认真地回应，客户就越喜欢和信任他，也会越愿意购买产品。

消除模糊理解

客户的异议通常来自模糊理解，因为他不了解所销售的产品能解决什么问题，不清楚产品能满足什么需求。客户只了解产品的价格，并不清楚自己能从中得到的好处，也不清楚产品有什么独特的卖点。客户没有购买行为的紧迫感，或者没有找到立刻购买的理由。这些都是导致客户产生模糊理解的原因，因此他会说："让我考虑一下。"

解决价格异议

销售人员可以采用下列几种行之有效的方法回应客户提出的价格异议。当客户说"价格太高了"时，销售人员可以问：

- 为什么这么说？
- 为什么会有这种感觉？
- 您只关心价格吗？
- 我们的价格和您的心理预期相差多少？

如果销售人员还未了解客户的需求，没介绍产品能带来的好处，而客户坚持要了解产品的价格，那么可以用“我知道价格对您很重要，我们待会儿再讨论价格可以吗？”这类回答来拖延关于价格的对话。

请记住，异议是成功销售的阶梯。客户提出的异议越多，说明他对产品的兴趣越大。当销售人员听到客户表达异议时应该感到庆幸，并借此将异议转化为购买的理由。

实践练习

1. 总结出合格的客户在购买自己产品时最常提出的两三点异议。

2. 根据这两三点异议构思出相应的最佳回应，确保这些回应能够推进销售进度并最终达成交易。

第十七章

要求客户购买

销售过程进行到最后阶段，销售人员若已经明确客户需要自己的产品，会用得到自己的产品，也买得起，这时候可以要求客户购买了。

当客户表明他信任销售人员，表达了想购买或使用产品的愿望时，销售人员可以使用以下方法来完成交易。

询问确认问题

在成交前，销售人员应向客户询问两个问题，确认客户已经有了购买的打算。

第一个问题是："您还有什么我没有解决的问题或顾虑吗？"如果客户说没有，则该客户已经准备购买了。

第二个问题是："到目前为止，您觉得我们的产品对您有用吗？"如果客户说有，则该客户即将做出购买决定。

5 种成交方法

高收入的销售人员在完成大额销售任务时，主要采用 5 种成交方法，具体如下。

（1）偏好成交法

给客户两个选择 A 和 B，并询问："A 和 B 您更

喜欢哪一个？”

对于客户来说，在一组选项中做出选择比单纯回答“是”或“否”更为容易。即使只销售一种产品，销售人员也可以让客户选择付款条件、交货方式、产品的特定功能等。

例如，销售人员可以问：“您想用现金支付还是12个月分期付款？”

（2）邀请式成交法

许多人认为这是最有效的成交方式。在销售对话的最后，如果销售人员明显感觉客户喜欢自己所展示的产品，那么可以问客户“您为什么不试一下呢？”

即使销售人员销售的是昂贵的或大件产品，也可以通过以下问题来促成交易。

“如果您喜欢它，为什么不尝试一下呢？”

“您要买这件吗？”

“您想现在就试试这件吗？”

“这是您想要的吗？”

在产品展示的最后环节，销售人员要向客户发出试用邀请，并要求客户做出购买决定。

（3）直接请求成交法

直接请求成交法也叫假设成交法。销售人员假设顾客已经决定购买产品，向客户说：“如果您没有其他问题，那么下一步就是……”

例如，销售人员先说：“客户先生，您喜欢我目前给您介绍的产品吗？”

客户说：“是的，看起来不错。”

销售人员接着说：“那么，下一步是……”

随后，销售人员继续介绍后续的销售环节，即购买产品的具体步骤，然后开始使用产品。例如，销售人员可以说："好吧，接下来我们填写这份文件，您需要付给我多少（金额）的订金，我们就开始生产这批订单，并在下个星期三之前向您交货。您意下如何？"

（4）授权式成交法

在销售过程的最后，如果客户明显表示喜欢所展示的产品，那么销售人员可以说："一旦得到您的授权，我们将立即开始生产这批订单。"然后，拿出订货单，将需要客户签名的地方标注出来，并交给客户签名。

这时，销售人员说："我会处理好所有细节。"并告诉客户"我将根据我们讨论的结果填写这些信息。余下的货款我会跟您的助手对接，争取下周完成订单生产，向您交货。”

（5）次要问题成交法

次要问题成交法简单有效，是我们俗称的小点成交法，这是因为双方就次要问题成交，并不关注主要问题。

假如销售人员要销售一栋价格高昂的房子，可以提出一个次要问题，如果客户接受该问题意味着客户已决定购买。比如，销售人员可以询问客户：“您想在这个月 1 日还是 15 日入住？”客户无论选择哪一天都表明他已经决定购买这栋房子。其中，入住日期是次要问题，购买房屋的决定是主要问题。

顺便说一句，次要问题成交法并不意味着销售人员试图操纵或误导客户，而是让客户关注次要问题，从而减轻做重大购买决定的压力。

如果销售人员销售的是价值不菲的汽车，就可以问："您想要米其林的赛车轮胎，还是更钟情于对原厂轮胎？"当客户说"我想要米其林的赛车轮胎"，这就意味着他已经决定购买这辆车。

销售中最有效的元素

对于成交而言，最重要的元素是"问"。

要求客户做出购买决定，询问客户是否可以进入下一环节，销售人员至少要问客户："您现在有什么想法？"

勇气是提高销售技能最重要的素质。销售人员要在实践中通过不断地提问来锻炼自己的勇气。

当销售过程结束时，如果无法成交，不能拿到订单，或者不是成交的最佳时机，销售人员至少要让客户同意下次见面，可以询问客户："我们现在应该怎么做？"，或者约好下次见面的日期。在下次碰面时，销售人员可以介绍更多关于产品的信息，并与其他人交谈，保证销售过程有一定的进展。

实践练习

1. 在要求客户做出购买决定之前，作为销售人员你必须完成哪些事情？

2. 设计一个可以在大多数销售活动中使用的问题，并不断改进，逐步将其完善。

第十八章 提供优质的售后服务

彼得·德鲁克认为公司经营的目的是创造并留住客户。

如何判断公司是否圆满地实现了既定目标？答案很简单——顾客满意度。衡量公司是否成功的真正标准是：客户向其购买产品的决定很满意，并有再次购买的内在动力。

最好的销售人员和最好的公司都专注于提高客户服务，秉持客户至上的理念。他们致力于更好地满足客户在某方面的需求。

沃尔玛创始人山姆·沃尔顿（Sam Walton）曾说："老板只有一个，那就是客户。上至公司总裁，下至公司员工，客户都有权开除他——只要把钱花到我们的竞争对手那里就可以了。"

保持优质服务

建立并保持高水平和卓越服务的声誉是公司发展和繁荣、个人事业成功的关键。

公司未来的成功取决于其在市场的评价。哈佛大学的研究表明：客户对质量的定义除了产品本身外，还包括了销售和交付的方式。

问题：自己销售的产品的质量评价如何？如果按照 1~10 分（由低到高）对产品质量及销售、交付和服务打分，自己的得分是多少？与竞争对手相比，排名如何？

4 个客户服务等级

公司通常将客户服务分为 4 个等级，具体如下。

（1）满足客户期待

客户对已售出和交付的产品感到满意是公司生存的最低要求。但是，如果只做到让客户满意，那么客户会愿意尝试竞争对手的产品，其忠诚度较低，也很少向他人推荐产品。

（2）超出客户预期

这意味着销售人员所提供的客户服务既超出了客户预期，也超越了竞争对手提供的服务，因而使自己脱颖而出。公司能够提供超出客户预期的服务是业务增长的最低要求。请记住：销售人员今天所做的任何超出客户期望的事情在明天就会被竞争对手复制。

（3）取悦客户

这是指公司开始与行业内快速发展的公司竞争，所提供的客户服务不仅超出了客户预期，而且让客户感到高兴、幸福。

有一家非常成功的高级连锁餐厅，客人用餐完毕后，服务员会走到桌旁，送上一杯免费的餐后饮品或一杯葡萄酒。这种慷慨的做法大大超出客户的意料，因此客人离开时会对餐厅极佳的服务留下深刻印象，也会因此再来用餐。

例如成交后，公司的高管可以亲自打电话感谢客户，感谢他选择与公司合作。这是取悦客户的另一种方式，也会在情感上引导客户再次购买。

（4）让客户感到惊讶

这是指公司提供的服务完全超出了客户预期，也超出了取悦客户的程度。实际上，如果公司提供的服务让客户感到惊讶，会使客户向其他人推荐公司的产品。

几年前，美国联邦快递（FedEx）丹佛分公司的承诺是“次日必达”，然而一场暴风雪封锁了从丹佛出发的主要道路，使联邦快递的卡车无法运送信件和包裹。但联邦快递做了一些引人注目的事情，租用了一架直升机保证快递“次日必达”。

由于山隘口被暴风雪封闭，联邦快递丹佛分公司的站长花了约 8000 美元租了一架直升机。直升机飞过被大雪覆盖的高速公路，降落在科罗拉多州斯普林斯一家大型购物中心的停车场，联邦快递才将包裹派送给客户。

这是联邦快递履行对客户承诺的惊人事迹。美国多家报纸、广播台、电视台都对这件事情进行了专题报道。直到今天，科罗拉多州的客户仍在谈论租直升机一夜间将快递送达的“大事件”。

售后跟踪

售后跟踪服务也可以超越客户预期，取悦客户，让客户感到惊讶。销售人员可以采用 4 种方法有效地进行售后跟踪工作，具体如下。

（1）接到订单后，处理文书工作并快速展开工作。

（2）及时让客户了解订单情况。如果有任何延迟或问题，销售人员要立即与客户联系，以便客户了解具体情况。销售人员践行“无意外”原则，及时告知客户，客户也会理解和包容。

（3）成交后，销售人员要立即向客户寄送感谢卡、便条或致谢邮件。如果订单数额较大，也可以适当送客户一点礼物，哪怕只是一束花、一盒巧克力或者是当地公司生产的礼物篮（我的最爱）。这也是发展回头客最有效的方式。

（4）销售人员要确保与客户的最后一次接触中给客户留下积极的印象。最后一次接触留下的印象最深刻，客户记忆也最清晰。当销售人员接收订单后，借此机会感谢客户的购买决定，并向客户保证产品会让他们感到满意，自己也会尽一切努力让客户满意。此外，销售人员告知客户自己的联系方式，并告知客户如有任何疑问或疑虑，可以随时致电。这些做法都会给客户留下开心和惊喜的印象，也能发展回头客反复地购买产品。

实践练习

1. 确定一种在未来销售过程中能够取悦客户的方法。

2. 确定一种自己能够一直坚持的做法，能够让客户获得比现在更快乐的购买体验。

第十九章
维持终身客户

如今，向企业客户直接销售的时间成本及出差、广告、开发客户等费用的总成本超过了400美元。如果开发一位客户后不能将其发展成为回头客，如此高昂的客户开发成本足以使公司破产。

最好的销售人员和最好的公司会采取一定的策略来开发客户，并将其发展为终身客户。销售人员的目标是发展长期的客户关系，在日趋激烈的竞争中依然能够留住客户。

销售人员采用的开发客户和维系客户的策略，

应当在建立和维持长期的客户关系方面多下功夫。如果销售人员能够不断地从终身客户的角度思考，一定会在销售中取得成功。

专注于二次销售

与客户进行的初次销售过程通常是最困难且成本最高的。销售人员可以通过折扣、额外好处等完成首次销售，但最重要的是二次销售。二次销售证明销售人员兑现了在首次销售中做出的承诺。

实际上，销售人员每天的工作就是向客户做出承诺以换取客户的金钱。销售人员向客户保证自己的产品会给客户带来目前没有享受的某些好处。当客户再次购买时，意味着客户认可销售人员的产品，也证明销售人员确实兑现了承诺。

二次销售和推荐营销几乎零成本

向满意的客户进行二次销售比向新客户销售容易 10 倍，因为二次销售所需要的时间和精力是完成新销售的 1/10。这也是为什么大多数公司将客户再次购买率作为衡量成功的标准。

来自客户的推荐比电话推销要容易 15 倍。向被推荐人出售产品需要的时间、成本和工作量是电话推销的 1/15。实际上，经过客户卖力的推荐，在销售人员登门前交易已经基本成交了。

创建黄金推荐链

假如客户成交后感到很满意，销售人员让每位客户把所购买的产品推荐给其他感兴趣的客户，从而建立一条黄金推荐链。销售人员要自信、期待、礼貌地询问客户甚至非客户，是否可以给自己推荐客户。

当请求客户推荐其他客户时，销售人员要向客户保证不会给被推荐人带来任何压力。客户在推荐时可能会犹豫不决，直到他们确信所推荐的朋友或同事不会因此而感到不满或生气。

形成口碑广告

在当今竞争激烈的市场中，吸引被推荐客户最有效的方法是赢得客户满意的口碑。销售人员的目标是使客户在与其他人交谈时，能够替自己卖出产品，让客户成为自己销售队伍的一部分。为客户提供良好的服务能够有效地鼓励客户替自己推销产品。

速度是出色的客户服务最重要的要素。快速回应客户的问题、疑虑和询问决定了销售人员能获得多少位推荐客户。对于销售人员而言，快速解决客户的投诉至关重要。定期跟踪及持续的客户关怀也是获得推荐客户的重要方法。

练习黄金销售法则：将自己想象为客户，用希望供应商服务自己的方式来服务客户。用对待配偶、父母或挚友的方式来服务顾客。销售人员要加倍努力，提供的服务要不断超出客户的预期。

终极问题

贝恩公司（Bain & Company）的弗雷德·莱克

哈尔德（Fred Reichheld）多年来致力于研究优质客户服务的要素，最终总结出了一个最能说明客户满意度及是否会推荐客户的问题。

他称其为终极问题："根据您的体验，您有多大可能向其他人推荐我们？"

客户满意度的最高水平是愿意把销售人员推荐给别人。很多时候，如果销售人员与非客户建立良好的关系，会赢得他们的喜欢和信任，即使不买你的产品，他们也会向其他人推荐你。

保持询问

在销售对话结束时，销售人员可以询问客户："如果按照从 1~10 分进行打分，您有多大可能会向其他人推荐我们？”

当然，销售人员的目标是10分，这意味着该客户将成为“铁杆粉丝”、客户代言人，也意味着会推荐所有朋友购买该产品。

但是，如果得分低于10分，只有7分或8分，那该怎么办？销售人员可以说“谢谢您的回答”，然后立即问“我们下次应该怎么做您才能给我们打10分呢”？

不断地询问客户“我们做得怎样？”“下次如何做得更好？”。收入最高、最成功的销售人员能够维系一大批满意客户。这些客户会反复购买产品，不仅能够爽快地成交，还对价格也不敏感。因此，这类客户是所有业务增长的基础，也是每位销售人员的目标客户。

制定客户服务策略

销售人员制定自己的客户销售和服务策略，确保能够赢得客户并发展成为终身客户。

这样的客户服务方法不会从天而降，需要仔细地计划、讨论，需要培训每一位与客户打交道的人。所有成功的销售人员和公司都以善待客户而闻名，这永远是销售人员的目标。

实践练习

1. 哪种做法可以使客户乐意向自己推荐其他客户？

2. 找出公司中任何一种可能会降低客户满意度和推荐的行为或表现。如何消除这种行为？多久能消除？

第二十章

有效地管理时间

100 多年来，耗资无数的研究都在探寻成功销售和失败的原因，最后得出了这样的结论：顶尖的销售人员之所以收入高，是因为把大量的时间花在做高价值的事情上。一般的销售人员之所以收入不高，是因为他们将更多的时间花在做低价值的事情上。

销售人员如果每日每时每分都专注于高价值活动，那么最终会成为行业的顶尖人才，既能创造大量的销售额又能赚很多钱。

在低价值活动中浪费时间的销售人员，即使为

行业顶尖的公司销售最具竞争力的产品，也很少能做成大交易。

实践二八定律

二八定律是专业销售领域中最重要的时间管理概念。这一定律表明，销售人员工作中 80% 的业绩，归功于 20% 的努力。二八定律适用于销售工作和销售活动的方方面面。销售人员可以将此法则应用到自己的新客户、老客户和产品上。

按价值对客户进行划分，A 表示高价值客户，销售人员可以通过他们创造 80% 的销售额。B 表示一般价值客户，C 表示低价值客户。

针对那些只能创造 20% 业绩的工作任务，销售人员可以采用创造性拖延的措施。创造性拖延指销售人员有意识地、故意地不做某些低价值的事情，以便集中注意力处理高价值的工作任务。

职位描述

销售人员的职位描述与公司的目标相同，即开发和维系客户。

将 80% 的工作时间用于开发新客户，将 20% 的工作时间用于维系客户。不断反问自己“我的下一笔订单来自哪里”，无论答案是什么，销售人员要确保每日每时每分都在做这件事。因此，销售人员 80% 的工作时间要用于寻找客户、展示产品，仅用 20% 的时间跟进客户并达成交易。不要把它们混为一谈，要将注意力放在寻找客户和产品展示上。

把工作做得更好

销售人员若想持续增加收入，最有效的方法就是把不断寻找客户、展示产品、跟进客户和成交这 4 项重要工作做得更好。每一项对提升销售能力的投资——无论是书籍、音频、视频还是研讨会——都能学到新的理念，这种投资能带来 10 倍、20 倍甚至 50 倍的收益。一场销售研讨会或者一条最适合自己、适合产品、适合市场和适合客户的销售理念，可以让许多销售人员甚至从贫穷到富有，从底层跃升至高层。

分钟原则

为了使自己的销售额翻倍，销售人员可以在销售活动中使用分钟原则。分钟原则是指：销售人员要算清楚每天为了成交，与客户面对面交流的时间，以分钟为单位。

如果销售人员增加与客户面对面交流的时间，一般情况下销售额和收入也将同比例增长。

销售人员如何使用这一原则呢？用计时器计算目前销售活动的分钟数。每次见到客户时，按下计时器的计时键；当会见结束时，按下计时器的结束键。计时器将累计销售人员每天与客户面对面交流的时长。记录每天的时长，以便清楚地了解自己目前的情况。

提高成绩

将与客户面对面交流的时间每周增加 10%。如果目前每天的时长是 90 分钟（一般平均值），那么增加 10%，则每周只需多花 9 分钟与客户面对面交流，就能立即看到销售额和收入的增加。

保持每周 10% 的增速，直到将与客户进行面对面交流的时间提高至目前的两倍（即平均每天花费 180 分钟）。无一例外，如果销售人员能将与客户面对面交流的时间增加一倍，那么收入将增加一倍，有时收入增长的速度甚至超乎自己的想象。

充分利用工作时间

从上班到下班，销售人员要充分利用工作的每一分钟时间。不要浪费时间，不要把时间花费在发邮件和与同事聊天上。请勿因电话、信息、邮件等的干扰而分心。充分利用工作的每一分钟，能做到这一点，就可以在很短的时间内成为行业成功的销售人员之一。

实践练习

1. 选择一项可以帮助自己提高工作效率的时间管理方法，并从下个月开始每天都坚持用这种方法，直到养成习惯为止。

2. 找出一项自己浪费时间的行为，并决心一个月内消除这种行为，直到养成习惯为止。

第二十一章
无限可能

销售人员凭借目前的销售技能可以实现成交额和收入的翻倍，甚至更多。有人说“态度比能力更能决定一个人的高度”。

如果想要身体健康，那么每天都要锻炼身体。如果想变得心理健康，每天也要进行一些心理锻炼。销售人员可以通过 7 种方法激励自己，保持最佳状态。这 7 种方法具体如下。

做到最好

销售人员要树立自己在销售领域一定会出类拔萃的决心，并下定决心努力为之奋斗。就算是付出任何合理的代价、做出必要的牺牲、花费必要的时间，也要跻身行业前 10%或 20%。

没有成为收入前 10%的销售人员主要是因为缺乏实现目标的决心。这类销售人员梦想着实现这一愿望，能够赚大钱，但是从来没有做出过“破釜沉舟”的决定，没有付出任何代价也要在销售行业脱颖而出的决心。

令人高兴的是所有的销售技巧都是可以学习的。销售人员可以学习实现自己销售目标的任何技能，使自己拥有无限可能！

学习关键技能

找出阻碍自己在销售中获得更大成功的限制技能。想象一下，当自己挥动“魔杖”后，一夜之间，掌握了绝佳的销售技能。销售人员要找出一项自己绝对擅长的技能，这项技能能够最大限度地提高自己的销售额和收入。

事实上，销售人员只需掌握一项技能，就能实现收入翻倍，并成为行业中高收入销售人员之一。当销售人员能够回答这个问题时，也就知道需要掌握哪项技能了。

与积极的人交往

多与积极向上的人相处。所相处的人会对自己的个性和成就产生巨大影响。

保持健康和精力

加倍重视身体健康。如今，人类比任何历史时期都更长寿，生活得更好，也更了解如何保持健康的体魄，保持充沛的精力。

积极的心理暗示

练习积极的想象：把自己想象成所在领域的佼佼者。记住，自我认知就是自己最终会成为那样的人。所有外在结果的改善，都源于自己内心想象的改变。当你把自己想象成一个自信、积极、绝对优

秀的人时，自己的思想、言语、情感和行动就会在你所做的每件事中呈现出这样的精神状态。

积极地与自己对话

控制自己的内心对话。95% 的情绪是由自己惯用的自我交谈的方式决定的。积极、快乐的人用积极有益的方式与自己对话。

采取持续行动

销售人员做每件事都有极强的行动导向。爱因斯坦认为“无为必将无获”。

在销售过程中，如果销售人员不行动，也不会有任何收获。早点上班，努力工作，晚点下班。开始工作后，忙起来，快速行动，这样会提高自己的速度和效率。

请记住，动作越快，就能拜访越多的客户。拜访的客户越多，就能获得越高的销售额。销售额越高，就能获得越多的收入。获得的收入越多，销售人员就会越有动力去拜访更多客户，获得更高的销售额，赚取更高的收入。

当销售人员时时刻刻、日复一日，不停不懈地实践这些想法时，你的业绩也会不断攀升。在几个月甚至几周内，就会成为该领域最成功、高收入的销售人员之一。我希望你能做到。

无限可能！

实践练习

1. 下决心从今天起，持续实践一项可以使自己在所处的销售领域中出类拔萃的活动。

2. 练习一项有助于自己在一整天的销售活动中保持积极主动状态的活动，例如想象、肯定自己、持续行动。

博恩·崔西职场制胜系列

《激励》

定价：59 元

ISBN 978-7-5046-9168-2

《市场营销》

定价：59 元

ISBN 978-7-5046-9127-9

《管理》

定价：59 元

ISBN 978-7-5046-9167-5

《谈判》

定价：59 元

ISBN 978-7-5046-9166-8

《领导力》

定价：59 元

ISBN 978-7-5046-9128-6

《高效会议》

定价：59 元

ISBN 978-7-5046-9182-8